JN054868

脳のバグらせ方

脳がわかれば恋は作れる

How To Hack Their Brain : Priming for Seduction

世良サトシ SATOSHI SERA

KADOKAWA

はじめに

昔の私は、特別友達が多いわけでもなく、特別人に好かれるわけでもなく、特別コミュニケーションが上手でもない、いわゆるどこにでもいる普通の男でした。

ところがある時から、「話した相手に意図して自分がしてほしいことをしてもらったり、自分が感じてほしい感情を相手に感じさせたり」できるようになりました。

そのきっかけは、友達がふざけて私にくれた「催眠術」の古本です。この本は読み物として単純に面白く、私はどんどんのめり込んでいきました。この催眠術の本の中には、「コールドリーディング」という話術についての項目がありました。「コールドリーディング」というのは、「外見を観察したり何気ない会話を交わしたりする中から得た情報を基に、相手に『私はあなたのことを誰よりもよく知っている』と信じさせ、相手を惹きつけて好意を勝ち取る『話術』のこと」と記憶しています。

そしてここからが驚きなのですが、その「話術」は、どうやら「練習で身につけることができる技術」とのこと。

…マジか？　そんなことが可能なのか…？

それまでの私は、コミュニケーションというのは、「外見的な魅力」など先天的な部分に大きく左右されるものだと思っていました。つまり、自己啓発本に載っているようなさまざまなコミュニケーションの技術はあくまで補助的なものであって、他人を惹きつける最大の要素は、あくまで「外見が良いかどうか」だと思っていました。

しかしながらこの本は真っ向からそれを否定していました。極論を言えば、この話術さえ身につければ、外見の良し悪しに関係なく他人の心をつかむことが可能だと書いてありました。これは当時の私にはかなりの衝撃でした。

というのも元々、勉強や部活という、正しい方向に努力すれば上達するものに対しては、それなりに情熱を注ぎ込んできた私でしたが、「コミュニケーション」「話術」といった分野に関しては、初めから努力の対象だという発想すらなかったからです。

さらにこの本には、「何をどういう方向に努力すべきか」が体系的に記載してありました。「このコールドリーディングという話術を身につけたら、人生は結構面白そうだ」、そう思った私は、この話術を身につけるために努力を重ね、その後多くの経験を通して現在に至ります。

さて、本書の内容ですが、第1章「脳に関する2つの誤解」では、後章で紹介する方法論を実行するうえで、知っておいてほしい背景知識を紹介しています。少し小難しい内容になっているので、方法論だけさくっと知りたい方は、第1章は読み飛ばしていただいてもかまいません。ただし、背景知識を知らないとさまざまな状況で応用が効かなくなるので、個々の方法論の理解を深め、皆さんの対応力を上げるためにも、基本的には第1章から順に読むことをオススメします。

第2章「相手の脳をバグらせあなたを好きにさせる習慣」では、他人を惹きつけ、自分に対して好意を抱かせるために、理解しておくべき基本の考え方や、普段から一貫して取るべき態度などを紹介しています。

そして第3章「相手の脳をバグらせあなたを好きにさせる具体的な行動」では、気になる相手と会っている際、会っていない際のそれぞれにおいて、主にあなたに実際に取ってもらいたい具体的な行動を紹介しています。これらの行動をいくつも、そして何回も積み重ねて行っていくことで、あなたの気になる人は気づいたらあなたのことを好きになっていることでしょう。

本書で紹介している背景をしっかり理解し、正しく行動することさえできれば、恋愛感情はもちろん、場合によっては恋愛感情以外の感情も抱かせ、あなたにとって都合の良い行動を取らせることも可能です。

あなたの人生を変える「脳をバグらせるコミュニケーションスキル」、ぜひ目を通してみてください。そして読んで終わらず、実際に普段のコミュニケーションに取り入れることでその効果を実感し、周囲の人、気になる人に好かれちゃいましょう。

目次

Chapter 2

相手の脳をバグらせ あなたを好きにさせる習慣

Chapter 3

相手の脳をバグらせあなたを好きにさせる具体的な行動

好きな人と会っている時にやるべきこと

好きな人と会っていない時にやるべきこと

※本書の内容は特に断りのない限り、男性女性の両方に対して使うことが可能です。
※同様に同性相手でも使えますが、相手が異性にしか潜在的に興味がない場合、恋愛感情ではなく人としての好意（友達として好き）などに帰属する場合が多いです（相手のセクシュアリティ次第で変わります）。
※本書の内容は著者が大胆に独自に考察した結果を記載したものであり、あくまで一説とご理解ください。

装丁――菊池祐（ライラック）
本文デザイン―今住真由美（ライラック）
DTP――山本秀一、山本深雪（G-clef）
イラスト――いつきみほ
校正――麦秋アートセンター
編集協力――小田島瑠美子

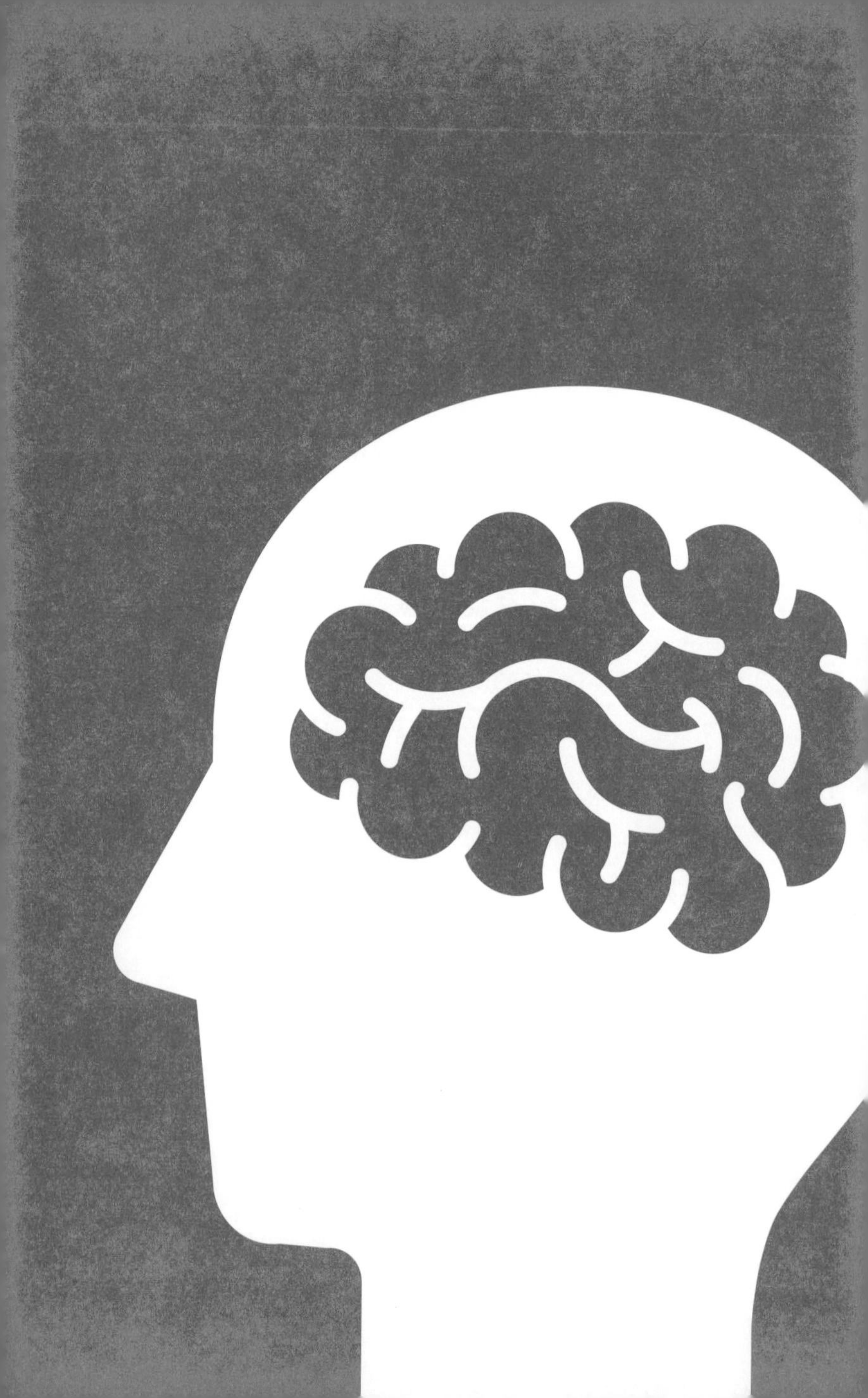

Chapter 0

脳は言い訳がお好き

脳は慣れ親しんだことを好みます。それが最も脳に負荷がかからない選択だからです。新しいことを始めるのは億劫だし、人と違うことをやるのは気乗りしないし、常識に反することをやるのは気が引ける。

だからこそ、脳が自然に選ばない選択をし続けることで、簡単に特別な結果を得ることができます。その結果得られるものはお金かもしれないし、コミュニケーション能力かもしれないし、愛情かもしれない。

いずれにしても、本書を手に取っているということは、あなたは現状を変えたいと少なからず思っているはずです。であれば、本書を読んで終わりにせず、ぜひ実行に移してみてください。「どうせ無理だから…」「忙しいから…」。脳は言い訳を探すのが得意です。この本を読み終わった時、もう一度このページを読み直すと、そのことがよくわかります。

○「偽」占い師になる

本編に入る前に、私がコールドリーディングをマスターするまでの経緯などを少しお話しします（実践的な方法をすぐに知りたい方は第2章へどうぞ）。

きっかけは先に述べた通り、友人からもらった一冊の催眠術の本です。その時、私は大学1年生で、サークルや部活にも特段所属しておらず、大学の講義とバイト以外は、比較的時間があり余っていました。だから私はこの時間を活用して、コールドリーディングという夢のような話術に取り組むことにしました。

コールドリーディングは占い師が使っていることで有名な話術でもあります。そして（私が知る限り多くの）占い師は占いができません。彼らはタロットや手相などの体系化されたフレームワークを利用して相手と会話を進めていく中で、相手の外見や会話の内容からさまざまな情報を推測して、それらを基に「この人は私のことを本当によくわかっている（だからこの占いは当たっている）」と思わせるようにコミュニケーションをとることが、非常に上手です。つまるところ、占い師は（おそらく）高確率で偽占い師なのです。だから、占い師として堂々と業務ができるようになるということは、コールドリーディングをマスターしたのも同然と言えました。

本を読み終わったその日の夕方、近くのホームセンターでダンボールと木の台、黒い布を調達した私は、占い師が使っているような台を作り、新宿駅西口付近にて偽占い師を始めることにしました（道路や敷地所有者の使用許可を取らないと違法になる場合があるので、真似する場合は確認のうえ行ってください）。

当然私は占いをできないので、道具がなくてもできて〝それっぽい〟手相占い師になることにしました。これ、やってみるとわかるのですが、意外と人が来るんですよ。全く占いもできない私のところにも、すぐに初めてのお客さんが来ました。ショートヘアが似合うスポーティーな雰囲気の、会社帰りのアラサーくらいの女性でした。

正直それまでは「なんとかなるだろう」と思っていたのですが、この方が目の前に来た瞬間、「俺は占いもできないのに何をやってるんだ…ヤバいどうしよう…」と頭が真っ白になりました（やる前になぜこういう思考にならなかったのかは今も疑問です）。正直会話の初めに何を話したのかすらも、全く覚えていません。しかし、それでもたどたどしい会話を続ける中で、ついに私の初めてのコールドリーディングが刺さる時が来ました。この瞬間の流れだけは今でも鮮明に覚えています。

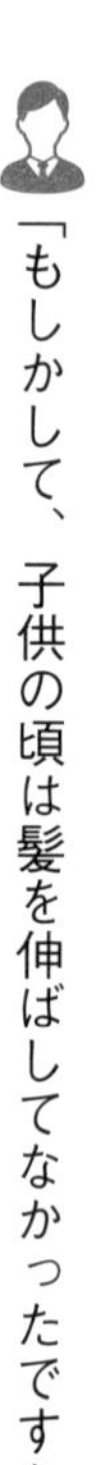
「もしかして、子供の頃は髪を伸ばしてなかったですか？」

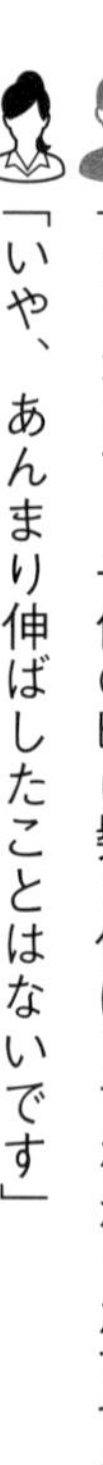
「いや、あんまり伸ばしたことはないです」

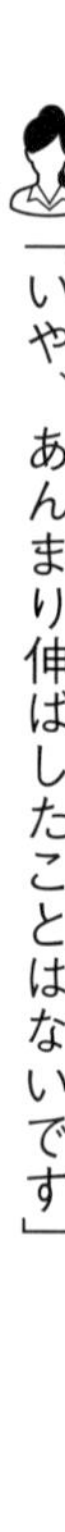
「そうなんですね。でも、髪を伸ばしたいと思っていませんでしたか？」

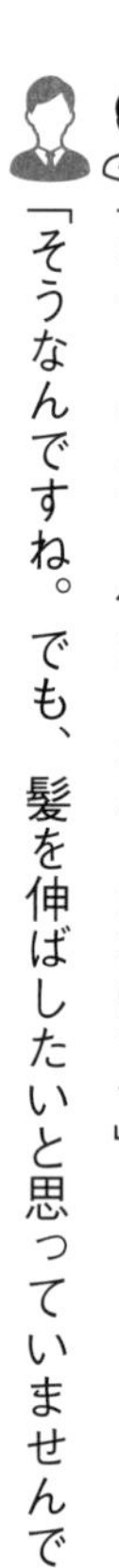
「んーまあ、そうですね」

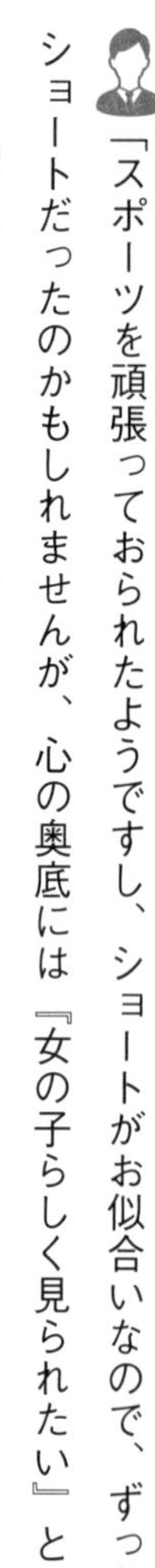
「スポーツを頑張っておられたようですし、ショートがお似合いなので、ずっとショートだったのかもしれませんが、心の奥底には『女の子らしく見られたい』という願望が強くあるようですね」

「え？　何でスポーツやってたってわかるんですか？？」

「ソフトテニスですよね？」

「え？？　はい、すごい…何でわかるんですか？　中高ソフトテニス部で、大学のサークルでもテニスやってました」

（っしゃー！）

実は手のまめを見て、「おそらくラケット競技をされていただろうな」と思ったことに加え、やや肌が地黒だったことから、「外でやるスポーツの可能性が高いかな?」と推測し、ソフトテニスと適当に言ってみただけなのですが、ありがたいことにこれがピンポイントで正解でした（この推測してピンポイントで当てにいくのは「ショットガンニング」というコールドリーディングの技法の一つです。もし間違えて「いや、バスケです」などと言われても「やっぱりそうなんですね。手相からすごく友達思いなことが読み取れたので、チームスポーツの何かだと思っていました」などと話を受け流すことで、外していない感を演出することが可能です）。

このおかげかここから流れが大きく変わり、それまでは半信半疑で私と話していたこの女性が、以降私が何を言っても私の言うことを心から信じてくれるような空気に変わっていったのです。その後は、その女性の人生や恋愛の悩みを引き出しつつ、前向きに思ってもらえるような占い結果をたくさん伝えて、私の初めてのお客さんは私が「偽」占い師とも知らず、笑顔で立ち去っていきました。

◎コミュニケーション術を会得したら世界が変わった

初めての占いが終わった後の心臓のバクバクと、何とも言えない達成感といったら、それはもうものすごいものがありました。

「コールドリーディングすげー…」
「初対面なのに、あの人すごい俺に心許してたぞ…」

おそらく今の私であれば、「占いができないのに占い師を始めるなんて無理でしょ。どうせ恥ずかしい思いをするだけだし、相手にも迷惑だよ」、私の脳はこう言い訳を用意し、偽占い師を始めることなどなかったでしょう。しかし当時の私は若く、「面白いからやるでしょ」としか思わない、ただの考えなしでした。そして勢いで始めたが最後、実際に人が来てしまったせいで後に引けなくなり、占い師として最後までやり遂げざるを得なくなりました。結果論ではありますが、私は若く愚かだったがゆえに、脳の言い訳に負けず、強制的にコールドリーディングを身につける機会を得ることができたのです。

いずれにしても初めての成功に味をしめた私は、この技術をしっかり身につけたいと思い、週7日間毎日、夜になると新宿駅西口付近に繰り出し、偽占い師を続けたのです。そしてこの偽占いを1カ月近く続けるうちに、私はもう相手を見ただけで、何を話せば好かれるか、信頼が勝ち取れるかが、頭の中にぱっと浮かんでくるようになっていました。これが本当に面白くて仕方なかったのです。そうして相手を満足させ、相手に好かれる会話を繰り広げるようになった私は、お客様に感謝され、チップをいただくことも増えていきました（ちなみに、代金はいただきませんでした）。

ただ会話をするだけで、相手が満足してくれる。しかもどのお客様も、会話を進めていくにつれて、明らかに私に好意的になっていきます。女性のお客様から個人的に仲良くなってほしいと連絡先を渡されることも何度かありました。これは驚くべきことです。ある種のコミュニケーション技術を身につけただけで、私のことを全く知らない人が、私のことを好きになり始めたということ。それはつまり、会話を上手に行うだけで、人の感情や行動を十分に左右することができるという事実を示唆していました。本を読んで頭ではわかっていたものの、実際に体験してみると、本当に衝撃的な出来事でした。

そこから私はコミュニケーションの虜(とりこ)になりました。Ａｍａｚｏｎでコミュニケーション関連の本を２００冊程度まとめて購入し（学生なので貯金がゼロになりました）、時間の許す限り読みふけり、その技術の数々を実践して身につけるようになりました。催眠誘導、暗示、ＮＬＰ、心理学、手品、説得術、コーチング、エニアグラム、ストーリーテリング、しぐさと微表情分析の読み取り…ｅｔｃ．。

特に催眠誘導については興味が書籍だけでは満たされず、関連する脳科学や心理学の研究論文を読んで勉強したり、果てはその分野の有名研究者にコンタクトを取り、渡航して講義に参加させてもらったりもしました。

偽占い師に関しては、実は家が新宿からそこまで近くなかったこともあり、２カ月も続けず辞めてしまったのですが、それ以降も日常生活のさまざまな場面で、ひたすらこれらの技術を実践し続けるようになりました。その結果、話しても信じてもらえないであろう出来事が普段から当たり前のように起こるようになりました。

・コンビニやカフェの店員から、連絡先を渡される
・イケメン3人と私の計4人で行った合コンで、女の子4人全員が後日私にデートの打診をしてくる
・就職面接で話した面接官の女性から後日個別に連絡を受け告白される
・電車で隣の席になったおばあちゃんと仲良くなり、その後200万円のプレゼントを打診される（さすがにこれは断りました）

加えて、幸運なことに私は現在に至るまで海外に滞在する経験が多かったこともあり、おおよそ30カ国、80国籍以上の方々とコミュニケーションをとる機会がありました。彼らとのコミュニケーションを通じてわかったことは、**私のコミュニケーション術が、日本人だけではなく、根源的に誰にでも通用すること**。**文化によるささいな違いはあれど、コミュニケーションの技法はまさに万国共通なのです。**

○脳を理解すれば再現性が上がる

このようなコミュニケーション本を目の当たりにすると、多くの方はこのような疑問を持つと思います。

「そんなこと言って元のコミュ力が高かったんでしょ？」
「実際は相手によって変わるでしょ？　うまくいかない相手もいるはず」
「この本を読んでも、どうせ同じようになんてできるわけないでしょ？」

これらの疑問にお答えすると、答えはＮＯです。実は私も、大半のコミュニケーション系の本を読んだ時は、同じように思っていました。しかしながら、条件さえ正しく設定すれば、相手にほぼ１００％感じさせたい感情を抱かせたり、取らせたい行動を取らせることが可能です。

これらの気づきは、心理学ではなく、脳科学の観点から書かれている書籍や論文を基に試行錯誤するうちにわかったことでした。

実は、よく巷に出回っている心理学の知見を基にした「自己啓発本」や「ネット記事」「YouTube等の動画」は、心理学を「相手の心を読むもの」と認識したうえで、話を進めていることが多いです（ここで言う「心理学」は学術用語としての心理学ではなく、社会一般に広く認識されている「心理学」）。

他人の心を読むことはまず間違いなく不可能です。なぜなら、心理学の知見はあくまで「傾向をまとめた内容」、つまり、統計でしかないからです。

例えば心理学の実験で、以下のようなものがあったとします。

・吊り橋の上で魅力的な女性に電話番号を渡された男性は、後日18人中9人が電話をかけてきた
・揺れない橋の上で魅力的な女性に電話番号を渡された男性は、後日16人中2人しか電話をかけてこなかった

これは「吊り橋効果」の名前でも有名な実験ですね。ここからわかることは、「恐怖を感じやすい状況だと、緊張感を恋愛感情に誤認する可能性が統計的に高い」ということです。つまり、わかることはあくまで「可能性の高さ」であり、「100％好きにさせられる」といった類のことではありません。要は、一般的認識における心理学には「100％」は存在せず、それゆえ心理学と聞くと、「うさんくさい」「お前だからうまくいったんだろ」といった印象を抱いてしまいがちなわけです。

一方で脳科学は違います。**脳科学は人間の身体の機能に基づいた議論をしているため、イレギュラーな条件設定がない限り、往々にして、「ほぼ100％発生する事象」が存在します**（人間の身体の機能を扱うその他の学問も同様です）。

例を挙げます。

・無意識に熱された鍋に触れてしまった場合、熱いと感じてしまう。また、無意識に手を鍋から離してしまう

・事前に知らされず、急にパンチが目の前に飛んできた場合、怖いと思ってしまう。

また、無意識に目を瞑(つぶ)ってしまう

これらはほぼ100%起こりうる事象ですよね。なぜなら、これらは意識ではなく無意識が反応した結果だからです。

だから、

・「絶対に離すものか」と思い立ってから、熱された鍋に手を押し付けた
・普段からパンチを受け慣れているプロボクサーの眼前に、急にパンチを繰り出してみた

のようなイレギュラーな条件設定がない限り、ほぼ100%起こりうる事象というのは存在します。

これらの「感情」や「行動」といった反応がほぼ100%起こる理由は、自らの生命活動を維持するために、人間の脳の潜在意識にある「本能（生存本能・防衛本能）」が働いた結果です（なお本書では「潜在意識＝無意識」と理解して読み進めてくださってかまいません）。

このように、心理学の観点では、「こうなる可能性が高い」といったことしかわからない一方で、**脳に焦点を当てて考えれば、１００％に近い確度で、感じてもらいたいことを感じてもらったり、してもらいたいことをしてもらう方法論も生み出すことが可能になります。**

そう、やり方さえわかっていれば、こういったことも可能だということです。

・お金を払いたいと思わせる
・手伝いたいと思わせる
・あなたに便宜を図りたいと思わせる
・あなたに恋愛感情を抱かせる

それらのうち、本書では「日常コミュニケーションを通じて、相手に恋愛感情を抱かせる方法」に特化して解説します。幸運なことに、その他の方法論と違って、恋愛感情を抱かせる方法は

そこまで難しくありません。端的に言えば、どうすれば恋愛感情があなたに帰属するかを知り、それを実行するだけです。

ただし、誤解をしてほしくないのは、本書で紹介している方法は、「一撃で完全にあなたに惚れさせる方法」ではないということです。

もちろんそういう方法もありますが、本書では「自然に日常のコミュニケーションに取り入れやすい簡単な内容」を中心に紹介しています。それは実行のハードルを下げることで、あなたに心理的負担を感じさせず、本書の内容を確実に実行してほしいからです。ひとつひとつの行動によって相手に抱かせる恋愛感情の「量」は小さくなるかもしれませんが、このような行動をしっかり積み重ねることで、相手があなたに抱く好意の「総量」はだんだん大きくなっていきます。

だから、これらの中で、あなたが使いやすいものを多数、気になる相手に対するコミュニケーションの中に取り入れていきましょう。そして継続してコツコツ積み重ねて実行するようにしてください。それにより、相手の脳が無意識のうちに、あなたに好意を抱いたり、恋愛感情を抱いたりするようになるでしょう。

◎顕在意識ではなく、潜在意識を動かせ

本論に入る前に大切なお話をもう一つだけします。実は次のようなご意見をYouTubeのコメント欄でいただくことが多いです。

「人間の脳や身体の機能に働きかければ、再現性が高く自分に好意を抱かせられることはわかった。とは言え、『これを言えば好意が上がる!』みたいな言葉があったとしても、嫌いな人に言われたら効果がないのでは? 自分だったら『あっそう。だから何なの』とかって思ってしまいそう」

これはごもっともな疑問だと思います。ただし、幸運なことにこの疑問は正しくありません。なぜなら、この質問は「顕在意識」で反応することを前提に考えられているからです。

意識には顕在意識と潜在意識があります。顕在意識とは「自分で自覚している意識」、例としては「意志」などがあります。一方で潜在意識とは「自分で自覚していない意識」、つまり「無意識」のことで、例としては「本能」などがあります。そし

て実は、**意識全体を１００とすると「顕在意識は3、潜在意識は97程度」**であるため、**人間の思考や感情のほとんどは潜在意識に左右されていると言っても過言ではありません**（この割合に関しては諸説ありますが、ここでは「意識全体の大部分を潜在意識が占めている」と理解してもらえれば結構です）。

こう考えると、相手の顕在意識が「私はこの人のことは好きじゃない」と感じていたとしても、あなたの言動によって、「なんかドキドキする…」といった感情を抱かせることができれば、（後述しますが）潜在意識は物事の理由が見つからない時に、整合性がある理由に結びついてしまう性質があるので、「この人のことはあまり好きじゃないと思っていたけど、ドキドキしているということは、もしかしてこの人のことと好きなのかも」と相手の脳に帰属させることができます。

だから重要なのは、**相手の「顕在意識」にどう思われるかではなく、相手の「潜在意識」にどう感じられるかです。**この潜在意識の重要性をわかりやすくイメージしてもらうために、私のエピソードを一つお話しします。

学生時代、私には仲の良い女友達がいました。その女友達は雑誌のモデルもやっているような、多くの男性からすると高嶺(たかね)の花のような存在でした。当時彼女には大好きな彼氏がいたし、私も気になっていた女の子が別にいたこともあり、全く意識しておらず、お互い完全に友達という感じで接していました。

彼女は、よく自分の彼氏の話をする女の子でした。日常の話もあればノロケ話もありましたが、時には悩み相談をされることもありました。

「ご飯食べに行ったらさ、女の子に取り分けてほしいとか言うんだよね。そんなん自分でやればいいじゃんって話だよね」

ひとしきりそういった相談（愚痴？）を聞いていると、

「私、誰とも結婚できないかも〜笑」

のような話が出てくることがあり、そんな際、ふざけてこんな会話をしていました。

「30まで結婚できなかったら俺が結婚してあげるよ笑。俺と結婚したら、ご飯は俺が取り分けるでしょ？　で、俺の分だけ多めにするでしょ？　そしたらそっちの食べる量が減るでしょ？　これで自動的にダイエットできて一石二鳥だね！」

「何それ笑」

のように、「結婚したらこうしよう」という架空の話を具体的に描写するタイプの冗談をよく言っていました。これは「好きにさせたい」という意図があったわけではありません。当時は「潜在意識」「脳の機能」のような観点を全く持っていなかったので、単に面白いことを言って和ませたかっただけでした。

さらに、ファミレスなどでその話題に絡められるシチュエーションになると、

「お取り分けいたしますよ！　一口で十分？」

「いや、おかしいでしょ笑」

のように、先の話題を踏まえた会話をよくしていました。

その後、彼女とは疎遠になってしまったのですが、1年くらいたったある時、急に彼女から「会いたい」という連絡がありました。久しぶりに行ってみると、まさかの告白をされたのです。どうやら彼女は、私と会わなくなってからなぜか徐々に私のことが好きになり、頭から離れなくなってしまったようなのです。

これ、今考えれば当たり前の話なんですよ。例えば、レストランなどで取り分けるシーンに遭遇するたびに、

・私のことを思い出す
・結婚のイメージが無自覚に湧いてくる

という2つのことが同時に起こってしまい、

（なんでこういう気持ちを感じるんだろう…恋愛対象とは思ってなかったけど、もしかしてこの人のことが好きなのかな…）

という誤帰属が発生してしまったんですね（「誤帰属」については第1章で詳しく説明します）。

当時は今のように潜在意識に詳しくなかったこともあり、「いやこんな美人が俺のこと好きになるなんてありえないでしょ。ドッキリ？」と思っていました。

しばらく会っていなかった女性が、わざわざ告白するという行動を起こすまでに、

私への気持ちを昂らせていった――。このように、顕在意識では「恋愛対象外」と認識されている場合でも、潜在意識が「恋愛対象への感情」を覚えてしまい、それが自分に帰属してしまえば、どんな相手だったとしても恋は起こり得ます。

そしてこれを意図的に行う方法を説明したのが本書です。

そう、脳がわかれば、恋は作れるのです。

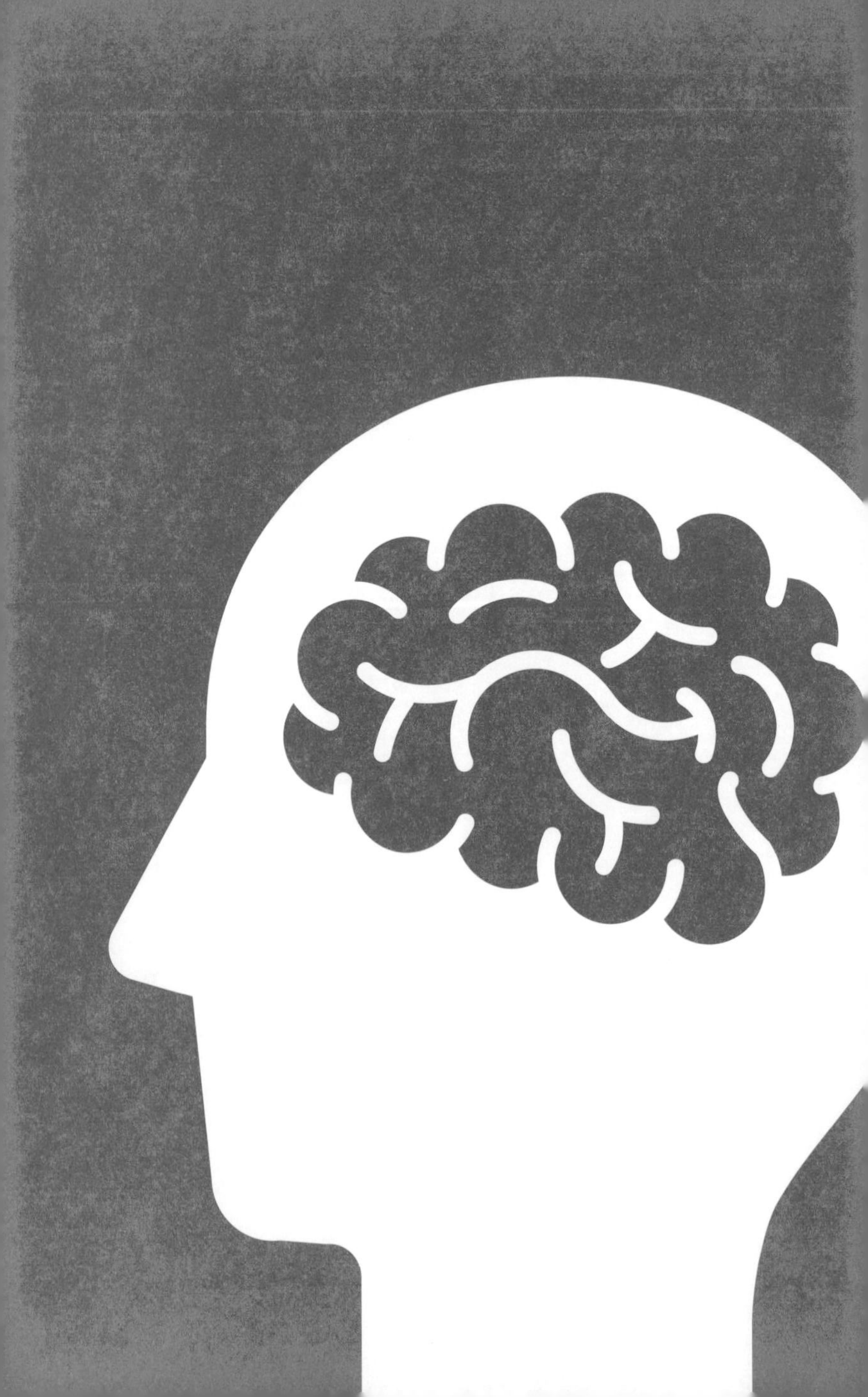

Chapter

脳に関する２つの誤解

皆さんは脳に対して「我々の意志・記憶・思考を司る完全無欠のコンピューター」のようなイメージを抱いてはないでしょうか。

しかしながらその認識は大いに間違っています。

しっかりと脳のバグらせ方を身につけるには、まずは正しい背景知識を理解するのが近道です。それゆえこの章では、多くの方が抱きがちな「脳に関する2つの誤解」を解き、「脳の真実」を解説していきます。脳について正しく理解することで、他人を惹きつけるコミュニケーション術を身につける土台を培いましょう。

(とりあえず知識はいいから、すぐに実践したい！という方は第２章へどうぞ。もちろん意味があってこの章を書いているので、個人的にはこの章を飛ばすことはオススメしませんが…)

真実 1
行動は自分の意志で決められない

脳に関する1つ目の真実は「行動は自分の意志で決められない」ということです。行動を自分の意志で決めているというのは大きな誤解です。しかしながら、多くの方はこれを理解していません。

例えばあなたが気になっている人の脳をバグらせ、デートをすることに成功したら…。相手自身は自分の意志であなたとデートをしたと認識するので「デートをしたということは、あなたのことを気になっているんだ」と恋愛感情を覚え始めます。

○ あなたは脳に決められている

「私はジャニーズ系がタイプなんだよね」

こういう発言を聞いたことはありませんか。

実際、このような女性の付き合う男性がみんなジャニーズ系かというと、ほとんどの場合そうではありません。それどころか、（失礼ながら）まるで正反対のような男性と交際している「自称ジャニーズ系が好きな女性」は山ほどいます。

それは一体なぜでしょうか。

本当はジャニーズ系が好きだけれど、妥協してジャニーズ系からはかけ離れた外見の男性と付き合うことにしたのでしょうか。もちろんそういう要素はゼロではないかもしれませんが、付き合っている以上、その男性の外見が全くもってジャニーズ系ではなかったとしても、その女性はその男性のことが好きだから付き合うことにしたはずです。

要するに、その女性が自分の意識上では「自分はジャニーズ系がタイプだ」と認識していたとしても、結果としてその女性の「意識上にはない何か」が「ジャニーズ系からはかけ離れたその男性」に惹かれてしまったがゆえに、その女性はその男性と付き合う決断をした、と言えるはずです。

実は脳は「意識できる部分」が全てではありません。脳の「あなたが認識していない部分」によって、その「タイプでも何でもない人」に対してなぜかドキドキしたり、好きだという気持ちが湧き上がるようになることがあります。そして、このような事例は、世の中に無限に存在しています。

・こんなに買うつもりじゃなかったのに買っちゃった
・契約するつもりはなかったけど、話を聞いたら契約しちゃった
・なんでかわからないけど好きになっちゃった
・最後までするつもりじゃなかったのに、しちゃった

ここからわかることは「相手の抱いている認識にかかわらず、認識に反する感情を抱かせたり、認識に反する行動を取らせることは可能だ」ということです。

もしあなたがこれとは違う認識をしているのであれば、今ここで改めてください。

人間は自分の行動を自分の意志で完全に決めきることはできません。

人間は所詮、脳の奴隷なのですから。

○潜在意識が９割

多くの人は「脳は人間の意志を反映し、その人の心や身体を動かす器官」だと思っているかもしれません。しかし、その認識は間違っています。正確には「脳は人間の意志以外にも『さまざまなもの』を反映して、その人の心や身体を動かす器官」というのが正しい認識です。

人間の脳で感情や行動に関わる部分は非常にざっくり分けて「大脳新皮質」と「大脳辺縁系」の2つがあります（正確には違いますが、ここではざっくりこの2つがあると理解してください）。そのうちの一方である大脳新皮質はあなたの「顕在意識」、つまり「意志」「決断」などに対応する部分です。例えば、「筋トレした後だから、タンパク質としてささみを食べよう」と自分で考えて、

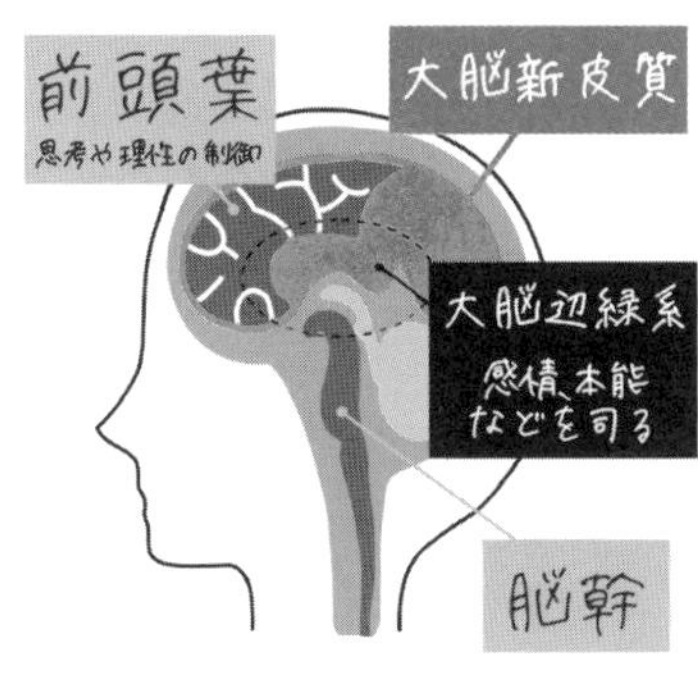

あなたの中に明確にある意志に基づいてささみを選んだのなら、その判断はあなたの脳の大脳新皮質＝顕在意識で行われています。

一方、もう片方である「大脳辺縁系」はあなたの「潜在意識」、つまり「なんとなく決めたことや感じたこと」などに対応しています。例えば、「のど渇いたなー、何か飲むか」と思い、コンビニでなんとなく爽健美茶を手に取った場合、その「手に取れる飲み物がたくさんある中、爽健美茶という選択をした」という判断は、あなたの大脳辺縁系＝潜在意識で行われているわけです。

これを聞いても人によっては「いや、普通に自分で考えて爽健美茶を取ったでしょ」と感じるかもしれません。しかし実際このようなケースでは、おそらくコンビニに入るまでは爽健美茶を取ろうと考えていなかったはずです。

あなた自身は同じようなケースでどういう思考になるでしょうか。「甘くないのがいいから水かお茶を買おうかな」と思い立った→コンビニに入った→飲み物の棚に到着した→ＶｏｌｖｉｃやｅｖｉａｎなどのミネラルウォーターI、伊右衛門やからだ巡茶といったお茶が目に入る→その中からなんとなく爽健美茶を手に取ることにした。

■ 人間は無意識のうちに多くのものに左右されている

・値段
・商品名
・ラベルの色
・棚に置かれている位置
・内容量
・CM のイメージ
・店内の POP
・一緒にいた友達が何を手に取ったか　など

こういうケースがおそらく大半なはずです。あなたにも経験はあると思います。

実際に自分の行動としてイメージしてみるとわかる通り、**この判断は、明確な判断基準や強い意志を基に行われたものではないですよね**（人によっては「絶対に爽健美茶しか飲まない！」といった方もいるかもしれませんが、大半の人はそこまでこだわりはなく、なんとなく選んでいるはずです）。

実は**あなたが意識していないところで、あなたの判断は非常に多くのものに左右されています。**さまざまな外部環境や情報の影響を受けた結果、それらを基にあなたの大脳辺縁系、つまり潜在意識が無意識のうちに判断して「爽健美茶を手に取る」という行動に繋がったと考えられます。

そしてこの大脳新皮質と大脳辺縁系、つまり意志を司る顕在意識と、「なんとなく」を司る潜在意識の割合は、一説には1：9、または3：97などと言われています。細かい割合は諸説ありますが、いずれにしても明確に「潜在意識の方が顕在意識より大きい」ということを覚えておいてください。ここから、**あなたの行動のほとんどはあなたが考えて決めているのではなく、あなたの中の「なんとなく」が決定しているということがわかります。**

ではなぜ、こんなにも顕在意識と潜在意識の大きさに差があるのでしょうか。これも諸説あるのですが、進化の観点からの説明が一番腑に落ちると思います。

・今の人間のように頭を使って物事を考える

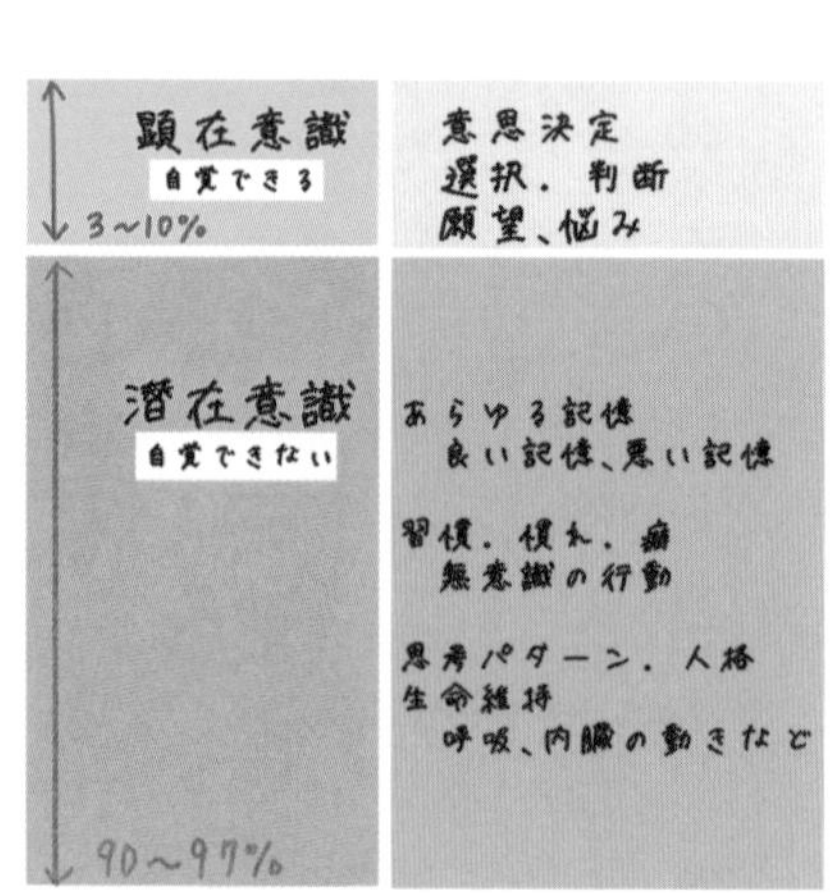

ようになったのは、たかだかここ数千年（頭を使って考える＝顕在意識＝大脳新皮質）

・人類が誕生した５００万年前（諸説あり）から数千年前までは、人間も他の動物と同じようにほとんどの時間を本能に従って行動していた（本能＝潜在意識＝大脳辺縁系）

・従って我々の行動や感情に与える影響も、元々あった「大脳辺縁系」が占める範囲の方が大きく、最近になって発達した「大脳新皮質」が占める範囲の方が小さい

※このような理由から大脳辺縁系は「古い脳」とも呼ばれ、大脳新皮質は「新しい脳」とも呼ばれています。

この背景を知ると、我々人間は「大半のことを潜在意識で決めているんだな」と納得がいくはずです。しかしながら多くの人はこの背景を知らないので「物事を自分で決断して決めている」と思い込んでしまっている現状があります。

先の爽健美茶の事例は実際にあった話です。友人と一緒にコンビニに向かっていた

私は「お茶を飲むと『爽』快な気分になるよね」と事前に会話で爽健美茶をイメージしやすい単語を友人の潜在意識に入れ込んでいました。また、コンビニの飲み物が置いてある棚の前に来た時に、自然と友人の目線が爽健美茶の位置に来るように自分の目線や身振り手振りで視線を誘導していました。これは催眠術や催眠誘導でもよく使われる技術です。これらの誘導が実際に働いたかは誰にもわかりようがないですが、結果的に友人は爽健美茶を購入することになりました。その後「なぜ爽健美茶を選んだのか」を聞いてみたところ、「んー、なんとなく飲みたかったんだよね」と友人は話していました。

このように、潜在意識の性質を理解し、上手に相手の大脳辺縁系に働きかけることができれば、他人にあなたの思い通り行動してもらうよう促すことは可能なわけです。

自分のことを好きにさせたり惚れさせるというのも、そういった方法論のうちの一つであり、本書では日常コミュニケーションにおいてそれを成し遂げる方法に特化して解説しています。もちろんそれだけでなく、なんなら（それが良いかどうかは置いておいて）相手を依存させたり、お金を貢がせたり、大半の人が「そんなことできるわけないだろ」ということも可能です。

なお、この**「脳をバグらせる方法」ですが、他人ではなく、あなた自身に対して活用することも可能です。**例えば自分の脳の潜在意識があなたに都合よく判断するように適切な情報を与えることで、やりたくもない仕事や勉強に取り組みたい気分になったり、記憶力を大幅に改善させたり、自身の心と身体のパフォーマンスを高めるような活用の仕方もあります。

多くの方は脳に対して驚くほど無知ですが、脳についてしっかり理解するだけで、他人への向き合い方も、あなた自身の人生への向き合い方も、大きく変えることができます。

脳は繁殖と生存が最優先

ではどのようにすれば潜在意識に上手に影響を与えることができるのでしょうか。おそらく一番効果的な方法は「本能を刺激する」ことです。本能とは、我々が生まれつき持っている「ある行動へと駆り立てる性質」のことです。

具体例を挙げると次のようなものがあります。

・暗闇を恐れる
・知らないものは警戒し、よく知っているものには安心感を覚える
・生命危機には通常以上の力を発揮する（「火事場の馬鹿力」や「スポーツ選手が入るゾーン状態」）
・お腹が空いたら食べ物を食べたくなる
・魅力的な異性を見ると発情してしまう
・泣いた赤ちゃんを放っておけなく感じる

これらの本能は、我々の先祖が遺伝子を後世に残すために身につけた性質であり、数百万年という長い時をかけて強く我々の中にインプットされるようになりました。そして、これらの性質は、次のような背景の下で醸成（じょうせい）されたと考えられています。

・暗闇で襲われたら対処できないので、暗闇を恐れるようになった
・自らとかけ離れているものは敵の可能性が高いので警戒心を覚え、似ているものは味方の可能性が高いので安心感を覚えるようになった
・怪我などのリスクを負ってでも、生命の危機には通常以上の力を発揮することで生き延びるようになった
・お腹が空いたら食べ物を食べたく感じることで、飢餓を避けるようになった
・魅力的な異性を見ると発情することで、自らの遺伝子を後世に残すようになった
・泣いた赤ちゃんを放っておけなく感じることで、自らと同じ種の生存率をあげるようになった（自分１人で生き延びられない赤ちゃんは、泣くことで周囲の注意を引くようになった）

現代の先進国では暗闇で襲われることも、食べ物がなくて生命の危機に陥ることもほとんどありませんが、人類の歴史から考えれば、つい最近までこれらの本能が必要だったのは明白です。

以上のことより、我々が持つ多くの本能を整理すると、次の2つに要約できます。

・子供を作り、育て、自らの遺伝子を後世に残そうとする本能（繁殖本能）
・身に危険が迫った時に察知し、回避しようとする本能（生存本能）

繁殖本能とは平たく言えば、性行為をして子供を作りたいと思う本能のことです。そして、生存本能とは文字通り、自分の身を守りたいと思う本能のことです。繁殖本能が働かなければ、「子供を作るのは金銭的にメリットがない」などと言い出す層が増え、少子化が加速して我々は近い将来絶滅してしまうかもしれません。生存本能が働かなければ、人々は赤ちゃんを放っておくことに何も感じず、さらには、赤ちゃんは泣くことをやめ、大人になることができないかもしれません。

これらの本能は我々人間にとってなくてはならないもの、他のすべての論理に優先して働いてしまうものなのです。

だからあなたがすべきことは、**気になる人の「繁殖本能」や「生存本能」が働くように誘導すること**です。これができれば「相手があなたに好意を抱くようになる」など、あなたの思い通りの結果になるように導くことができます。

例えば「相手が安心してリラックスできる状況を作ってみる」のもその一つです。営み中に外敵から襲われた場合、子孫を残せなくなるどころか、自らの生存も当然危ぶまれます。だから落ち着けない状況では、本能が性欲を感じにくくなると考えられますよね。「騒がしいクラブで話す」よりは「落ち着いたカフェで2人きりで話す」方が親密になりやすい理由も、実はこれと同じ背景から説明できます。外部の邪魔が入らず、知り合いに見られたりする可能性も低いので、無意識に相手の繁殖本能が高まり、アプローチの成功率も高くなるわけです。

このように話す場所ひとつとっても、それだけであなたが好かれる可能性は変わります。他にも、話し方や話す内容、タイミング、身につけるもの…etc.。**相手の本能が「あなたを好きになりやすく」なるように、あなたができることは無限にある**

のです。

具体的な内容は第2章と第3章で詳しく紹介しますが、この本であなたにオススメするひとつひとつの方法論はこういった背景から練られたものであるということを、まずはここで認識しておきましょう。

ではここで一つ質問です。

「繁殖本能と生存本能はどちらが強いのか?」

おそらく、ここまで読んでこういった疑問をお持ちになった方もいると思います。その答えはもちろん状況次第で変わりますが、基本的には繁殖本能の方が強いことが多いです。

それを示す事例としてわかりやすいのが、女性の妊娠です。もし生存本能の方が繁殖本能より強いなら、女性は自分の身体の抵抗力を下げてまで妊娠しないはずですよね。妊娠によって女性は病気にかかるリスクも上がるし、お腹が大きいから行動も制限されるし、出産時には死のリスクもあります。現代では出産の際の母体死亡率は世界平均でも０・２％程度と低いですが、１８００年代に細菌と消毒が発見されるまでは10〜20％程度も死亡していたと言われています。このような状況にもかかわらず、女性が子供を身籠る（みごもる）ことをいとわないのは、ひとえに我々の繁殖本能が生存本能より強いことの証左です。

なぜか不倫をしてしまう人が後を絶たないのも、もしかしたらそういった背景があるからなのかもしれません。人間関係が壊れる、職を失う、慰謝料を払うなどの「生存本能が脅かされる」事態は簡単に想定できる気もしますが、不倫はダメだと理性ではわかっていても、繁殖本能に逆らえない人間の性なのかもしれないですね（いずれにせよ不倫は違法行為なので絶対ダメです）。

○脳は時代遅れの欠陥だらけ

もう一つ理解しておいてほしいことは、**本能は常に我々にとってプラスに働くわけではないということです。実は本能がマイナスに働いてしまうこともあります。**

例えば男性の友人が本を読んでいる際に「女性の裸の写真」を目の前に差し出してみるとよくわかります。どれだけ集中していても、その男性の集中力は落ちてしまい、本を読むスピードは劇的に遅くなります。本来「女性の裸に興奮する」のは、後世に我々の遺伝子をしっかり残すために男性が身につけてきた本能です。この本能がなかったら、我々人類はここまで繁栄せず、絶滅していたかもしれません。

紙が発明されて以降は、江戸時代の春画をはじめとして、さまざまなところに性的な絵が描かれるようになりました。現代では男性がインターネット検索やＳＮＳで探し物をしているだけで、性的な広告や扇情的な女性のアカウントがオススメされることもあります。

この本能が男性に身についた当時は、繁殖活動をする時以外に、女性の裸体を見ることはそこまで多くなかったので、この本能が存在しても支障はありませんでした。

しかし現代では、実は気づかぬところで男性の集中力を削ぐ結果となっています。何かをしようと思ってネットを開いたのに、気づいたらＳＮＳで流れてきた可愛いインスタグラマーやＴｉｋＴｏｋｅｒの女の子の写真を見てしまっていた…。こういった体験に思い当たる節がある男性は多いのではないでしょうか。

「本能」は常に我々にとって必要な「完璧な存在」ではありません。**本能はあくまでその時その時に必要に迫られて環境に「適応」した結果身についたものであって、環境や状況が変われば時に不要な場合もあります。**特に現代は、これまでの人類の歴史の中でも飛び抜けて変化が急速です。それゆえ、人間がこの世界を生き延びるために適応して身につけてきた本能が、急速な変化についていけず、多くの不必要で不合理な側面を残してしまっています。

人間の事例ではありませんが、これを理解するのに一番わかりやすい事例は、おそらく「蛾の本能」でしょう。蛾は明るいところに集まります。明るいところに餌があることを本能で理解しているからです。しかし現代では、我々人間が至るところに明かりをつけるようになりました。それゆえ本能に従った蛾は、蛍光灯や時に焚き火の中にバチバチ突撃して死んでしまっています。

ここまで致命的ではないにせよ、現代の環境にそぐわない我々人間の本能はたくさんあります。先ほども例に挙げた「暗闇を恐れる本能」もその一つです。

古来、狩猟民族だった時代は、暗闇で外敵に襲われたらそれだけで危機に陥ってしまうため、暗闇自体を警戒するのは必須の機能だったかもしれません。しかし現代の日本のような犯罪率の低い地域では、暗闇に対する恐怖感は、単に我々の行動を抑えるためだけのものになっています（もちろんリスクはあるので、暗い中出歩かない方がいいということはありますが、程度の問題として、必要以上の恐怖心を覚える傾向にあります）。

他にも、女性がお金を持っている相手を魅力的に感じやすいことが多いのもそうかもしれません。男性にお金持ちだということを匂わされると、女性は無意識にその男性をより魅力的に感じてしまいやすいです。本当はお金を持っていなかったとしても。

※補足：背景として、女性は自分の子孫を後世に残すため、自分の子孫を生き延びさせる能力が高い男性に惹かれるような本能を身につけてきたという説がダーウィンの「種の起源」にも書かれています。現代とは違い、女性は妊娠すると自分１人で生きていくのは非常に困難だったので、自分自身と子供を守り、育ててくれる男性に魅力を感じるようになりました。狩猟民族時代は自分と子供のために食糧を手に入れる能力が高い男性に、戦乱の時代は自分を守る力の強い権力者に、そして資本主義社会の現代ではお金を持っている男性に惹かれる傾向があります。お金持ちのおじさんに惹かれる女性が比較的多い理由の一つには、こういう背景もあります。

このように本能は、長い時間を経て「本来の目的とは違う」働き方をしてしまうことがよくあります。これを私は「脳のバグ」と呼んでいます。我々は合理的に判断しているつもりでも、時代遅れの本能が無意識に非合理な決定をしてしまう。往々にして脳は論理的に判断できないのです。

そして私が本書で話したい恋愛における「脳のバグらせ方」とは、このような「脳のバグ」を利用して、相手が自分のことを好きになるように促すことです。

・例1：「慣れ親しんでいる相手を好きになりやすい」本能

↓戦闘が必要だった古来、我々は迅速に敵味方を見分ける必要性があったので、自分と共通点が多い相手に好感を抱くように適応した

↓あたかも慣れ親しんでいる人同士でしか絶対に行かない場所に一緒に行ったり、しない行動を一緒に取ることで、相手の本能に慣れ親しんでいるかのように感じさせることができ、結果として自分を好きに感じてもらうことができる

・例2：損するのが嫌だ、失うのが嫌だ

↓古来、食べ物や住居を失うことは自身の生存に直結していたので、本能が失うことを無意識に避けたがるようになった

↓交際している彼氏や彼女と一緒に住むことで、本能が「住んでいる場所を失いたくない」と感じるようになり、別れにくくなる

他にも「脳のバグ」には次のようなものがあります。

・例３：選択肢が３～４個の状態を好む
↓自分が状況を完全把握でき、かつ思い通りに選択できる状況を好む。選択肢が多すぎると状況把握に苦労し、選択肢が少なすぎると自分で決めている感覚を得られない。相手に選択肢を提示する時は「イタリアンと中華、和食だったらどれがいい？　和食のお店、期間限定メニューあるから俺は和食がいいと思うけど、どこでも好きなところでいいよ！」などのように選択肢を絞って提示した上で、自分が求める判断に誘導すると、相手も乗ってきやすい

・例４：動詞より名詞を好む
↓帰属意識がくすぐられるため、「おいしいもの食べに行こうよ！」より「今日も『おいしいものクラブ』の活動しよ！」の方が誘いに応じてもらえる確率は高い

・例５：少ないものを良いものだと思う
↓希少価値。「日本初上陸のカフェで、ここにしかないらしいよ！」などの誘い文句に落とし込めばＹＥＳをもらえる確率が上がる

他にもまだまだありますが、このように脳のバグを理解することで、あなたがコミュニケーションを優位に進められる可能性は大きく上がります。

なおここまでは「本能」に関連する脳のバグを説明してきましたが、実は脳がバグるポイントはこれだけではありません。次の項目では「記憶」の仕組みと、「記憶」「認知」「感情」のバグについても解説していきます。

真実2
脳はとても非論理的

脳に関する２つ目の真実は「脳はとても非論理的」ということです。

多くの人は「自分は論理的に思考できる」と思っていますが、それは往々にして間違いです。代表的な事例に「脳は記憶を自分の都合良く改変する」というものがあります。これも多くの方が理解していない脳の性質の一つです。

もし間違った記憶を正しい記憶だと相手に認識させることができれば…。

「あなたのことが好き」だと感じたと相手の記憶を改変できたら…。

○脳は正しく記憶できない

あなたはこういったセリフに覚えはありませんか。

「私ちゃんと覚えているから！」

「俺全部見てたから！」

そして、このセリフが間違っていて、

「そんなわけないのに…」

「ごめん何かの勘違いだったかも…」

という流れを何度か目にしたり、もしかしたらあなた自身が経験したことがあるかもしれません。

私自身もこのような「自分の記憶が間違っていた」という経験をしたことがあります。小学1年生の頃、学校の先生が「悪いことをしている人がいたら先生に言いなさい」とクラス全体に向けて発言したのに応えて、正義感が強かった私は同じクラスの男子を告発しました。

「悪いことをしていたのは1年3組のナオキくんです！」

その前日、確かその日は雪が降り積もっていた日だったのですが、ナオキくんと他の友達は雪玉を作って投げ合いながら下校していました。その際、ナオキくんは車のボンネットに上り、降り積もった雪を取って雪玉を作っていたと思うのですが、たまたまその現場を目撃した私はなぜか「ナオキくんは車に上り、フロントガラスに傷をつけていた」と記憶していました。

実はその数日前に、石を遠くまで投げる遊びをしていた友達が知らない人の車のフロントガラスに石を当ててしまい、友達のご両親からこっぴどく怒られたという話を聞いていたのですが、おそらくそこから生まれた「車のフロントガラスに傷をつけるのはダメなことだ」という認識のせいで私の記憶が歪み、「車に上っていたナオキくんはダメなことをしていた（＝フロントガラスに傷をつけていた）」と記憶が改変されていたようなんですね。

当時の私は「自分の記憶は絶対に正しい！」と信じ込んでいたので、ナオキくん本人や彼の友達が「ナオキくんはそんなことをしていない」と主張したり、近くに聞き込みをしても傷ついた車はないという結果だったのにもかかわらず、私は「絶対見た！」と強く主張して、その結果小学校の先生たちがいつまでもことを収束させられず、ナオキくんもご両親からこっぴどく怒られ、大変なご迷惑をかけてしまったことを覚えています。

他人から見れば「状況証拠からこれは世良の勘違いだな」とわかりそうなものです

し、客観的に見れば私も昔の自分の記憶が間違っていたのだとわかりますが、**自分の記憶が正しいと頑(かたく)なに主張していた当時の私は、記憶は絶対に変わらないという無意識の前提を一切疑わなかったのです。**

これを読んで「小学生だから起きた事象ではないか」「大人はこんな勘違いはしないだろう」と思った方もいるかもしれませんが、それは違います。「誤認逮捕 写真」などと検索してみてください。目撃者が写真を基に「この人が犯人だ」と言ったにもかかわらず、実はその人は犯人ではなかった…といった事例がいくつも出てきます。

記憶というものはかなり曖昧で、簡単に改変されてしまうものなのです。その原因には「物事の要点だけ記憶する」という脳の性質が大きく関係しています。

当然のことながら、脳には容量があります。

・見たもの、聞いたもの、感じたもの全てを記憶していたら、脳はパンクする
・全てを思い出すのに時間がかかりすぎてしまえば、生活に支障が出る
・覚えているものを全て記憶として定着させたり、全てを思い出そうとしたりすると

エネルギーは莫大なものとなる

これでは生活に支障が出てしまうため、人間の脳は、物事の要点だけ記憶し、記憶は互いに結びついた形で潜在意識に保存されるように発達してきました。「全てを保存せず、要点のみ保存し、記憶同士の連結によって、記憶を担保しようとする脳の性質」は、脳が環境に適応した結果なのです。

下図のように、脳は要点のみを覚えており、要点それぞれが繋がることで、関連したものが思い出される仕組みとなっています。

例えば「リンゴ」と聞いてあなたは何を思い浮かべるでしょうか。「赤」「果物」「１００％ジュース」などの言葉？　もしくは青森までリンゴ狩りに行って楽しかった時の思い出？　人によって違うと思いますが、いずれにしてもま

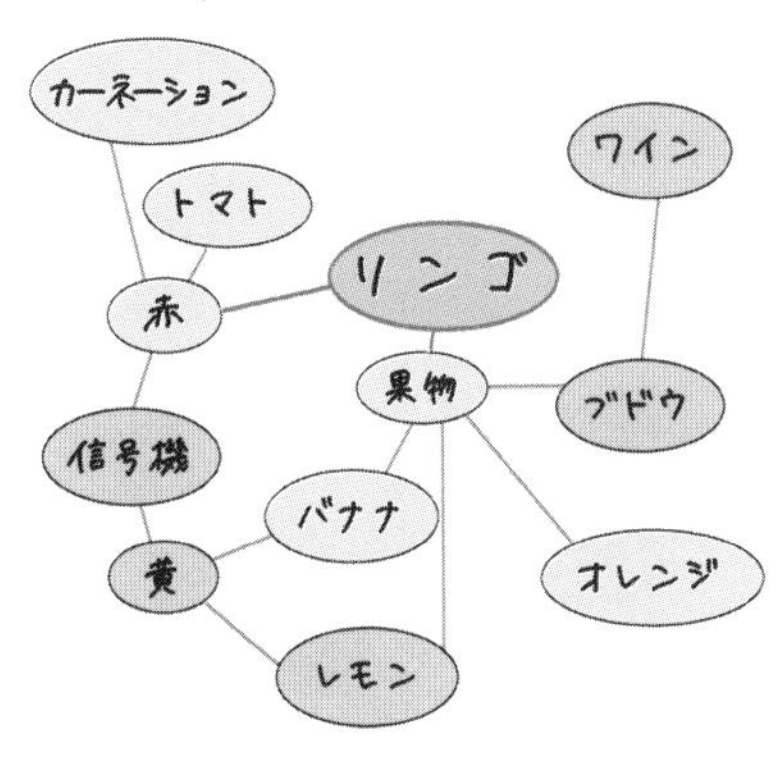

ずは「リンゴ」という言葉に結びついた知識や記憶が潜在意識下で思い出されます。そしてあなたの脳の潜在意識が、関連があると考えられるものとそれを無意識のうちに組み合わせ、結果としてあなたが認識する「記憶」が形成されます。

過去に行った旅行の思い出を振り返るとよくわかります。どんなイベントがあったか、印象に残っているものを旅行の初めから終わりまで通しで思い出してみてください。その後、その旅行の写真をスマホやアルバムから探し出して見てみましょう。「ああ、こんなこともあったな！」といったことがたくさん思い出されるに違いありません。

これは、脳が出来事を全て記憶として保管しているわけではなく、断片的に記憶しており、あなたの潜在意識が結びつけやすかったものだけが思い出され、そうではないものは思い出されなかったということの証左です。

（でも、写真を見たら思い出したというのは、あなたの潜在意識には記憶されていたということ。記憶はされていたが潜在意識内で連結しなかったということ）

それでは、もし何らかの事情によって、間違った点と点が線で繋がったらどうなるでしょう。その場合、潜在意識の中にある記憶を思い出そうとした際に、その記憶が誤った情報と結びついてしまえば、記憶は改変されます。私がナオキくんを告発した事例もまさにこのケースですね。

では、あなたがコミュニケーションで相手を誘導して、相手の頭の中で「あなたにとって都合の良い情報」と結びつけることができれば？

そう、**あなたにとって都合の良い「間違った記憶」を相手の頭の中に作ることが可能になります**。これは脳が全てを記憶するわけではなく、要点だけ記憶するように長い時間をかけて適応してきたために起きた、脳のバグなのです。

脳は都合の良いものに飛びつく

ではどうすれば、相手の脳が間違った情報に飛びつくようにできるのでしょうか。脳はどういった情報に飛びつきやすいのでしょうか。

その答えは「都合の良いもの」です。

物事を思い出したり考えたりする時、**頭の中に正しい情報（記憶や原因）が見つからなかった場合、潜在意識下にある「繋げると論理的に一見しっくりきそうな情報」が見つかると、脳はそれを正しい情報だと思い込んで、思考を完結させてしまいます。**

例えば、あなたがカフェで異性の友達と会って共通の友達の恋バナをしたとしましょう。そしてその日から、なんだかその人のことを考えると、ドキドキしている自分に気づいたとします。そしてその理由を「話している時の笑顔にキュンとしたのかも」と理解したとしましょう。

しかしながら、本当はドキドキした感情を覚えた原因はそうではないのかもしれません。もしかしたらその時に食べていたチョコレートに含まれる「フェニルエチルアミン」や「ドーパミン」といった脳内ホルモンの影響かもしれないし、はたまた恋バナの話自体を聞いてドキドキしただけなのかもしれません。

多くの理由が考えられますが、いずれにしても脳内では、**正しい論理であるかどうかにかかわらず、潜在意識が見つけることのできた「一見筋が通っている」理由が「ドキドキの原因」として認識されます。**この例では「話している時の笑顔」ですね。

「チョコレートを食べたからドキドキしているだけで、この人のことが好きになったわけじゃない」と正しく認識できたかもしれないのに、脳が「飛びつきやすい情報」＝「話している時の笑顔」に勝手に連結させてしまったがゆえに、「話している時の笑顔にキュンとした」という認識が生まれ、ここに恋が生まれることになりました。

このような**「一見整合性が取れそうだが間違っている情報に因果関係があると思ってしまうこと」を「脳の誤帰属」と呼びます。**

（誤帰属：間違った原因を正しい原因だと思ってしまうこと）

脳の誤帰属が起こる理由は「生存本能」にあります。記憶の改変も主に脳のパンクを避けるために適応した脳の性質ですが、脳の誤帰属も同じように適応した脳の性質といえます。なぜなら「物事の因果を顕在意識を使って考える」という作業を日常で見るもの、感じるもの、全てに対して行った場合、思考に時間が取られすぎてしまいますよね。だから、脳がパンクするのを避けるため、脳が無意識に整合性がある情報を見つけた場合、自動的にそれを原因として理解するように適応したと考えられます。

そしてこの仕組みがわかっていれば、あなたにとって都合の良い認識を相手の脳に抱かせるのは簡単です。

もし恋愛感情を抱かせたい相手がいるのなら、相手が思いもつかない方法を用いて、相手に「恋愛時に取るであろう行動や感情（ドキドキ感じさせる等）」を取らせたり、感じさせたりすればいいだけです。

「このような行動をしたり、感情を感じている理由は、あなたのことが好きだからだ」という原因しか見つからない状況になっていれば、相手の脳はあなたが想定した原因に誤帰属して、あなたに対して恋愛感情を覚え始めるでしょう。

ちょっとわかりにくいと思うので、次の項目で事例を挙げて解説します。

○脳の誤帰属：脳は感情や認識も改変する

先の項目で「脳は記憶を改変する」と説明しましたが、脳は実は「感情」や「認識」も改変します。そして多くの場合、これらの改変は連動して起こります。

例えば「仲の良い友達Aに貸した本が返ってこない」という状況があったとしましょう。この時点ではあなたは友達Aと仲が良く「Aはいいヤツだ」と思っています。

しかしこの状況が改善されない、本が返ってこない、とすると「本が返ってこない」理由をあなたの脳が納得するために「もしかしたらAはいいヤツではないのではないか？」という認識に帰属する可能性があります。

この時もし、友達Bから「俺もAに貸した1000円返してもらえてないよ」という情報を吹き込まれると、「Aはいいヤツではない」という認識に帰属する可能性がますます高まります。

条件が整ってきました。

この件で友達Bと愚痴をこぼしているうちに「Aはいつも借りパクするヤツだ」と認識が改変され、気づいたら「Aはいつも借りパクしていた（実際は貸したものがまだ1回返ってきていないだけで、借りパクされたのかはまだわからないのに）」といった発言をするようになります。さらに、「Aは嫌なヤツだ」といったふうに感情が修正されてしまいます。

これが脳の誤帰属です。このように脳内で全てが連動して変わっていくことは、おそらくあなたも覚えがあるのではないでしょうか。そしてこれを意図して恋愛のシーンで起こす方法はというと、過去にＹｏｕＴｕｂｅでも紹介した「恋愛映画を一緒に見に行く」が非常にわかりやすいです。

まずはあなたが思いつく限り一番ロマンチックな恋愛映画やドラマを、好きな人と一緒に見てみましょう。映画館でなく、自宅で一緒にＤＶＤを見るのでもかまいません。難しければカフェでスマートフォンを使用して、Ａｍａｚｏｎプライム・ビデオやＮｅｔｆｌｉｘで映画を見るという形でも大丈夫です。2人きりで見るのが難しければ、何人かで映画を見る状況を作って、好きな人の隣にしれっと座れば良いです。なんとかして口実を作って、一緒に見てください。

そして**映画が恋愛のロマンチックな感情を醸し出しているシーンに被**（かぶ）**せて「あなたが相手と一緒にいる」と相手の脳に繰り返し認識させてください。**

映画の中盤のロマンチックなシーンで…

・ポップコーンを相手の前に差し出して食べるよう促す
・相手側にある飲み物を取る流れで相手に触れ、自分の存在に気づかせる
・寒そうだったら上着をかけてあげる
・偶然を装って相手の手を軽く触り、自分の存在を認識させる
・勢いに任せて相手の手を握る（何か言われたら映画の雰囲気のせいにする）　など

映画を見終わった後も…

・一番ロマンチックだった場面の主人公やヒロインの気持ちについて感想を語り合う

・会うたびに「この前の映画、本当にドキドキして素敵だったね」「あの展開はずるいよね」などと映画の話をする
・口実をつけて、また一緒に映画を見ようと誘う　など

「相手が映画のロマンチックな感情を脳内体験している時に、常にあなたがいる」ということを繰り返し相手に経験させることで、相手の中で「ロマンチックな感情」が起こった時に、無意識に「あなた」のイメージが想起されるようになります。これにより、相手にとってあなたが恋愛対象外だったとしても、「あなたのことを考えるとドキドキする」といった感情が生まれるようになります。また、それに伴い「このような感情を抱くのはあなたのことを好きだからだ」という認識も覚えるようになります。そして時に記憶すら修正されて、「あなたと一緒に映画を見た時、本当にドキドキした」という記憶が遡（さかのぼ）って作られるようになるのです。本来は映画内のロマンチックな感情を疑似体験していただけなのにもかかわらず。

なお、これはあくまで都合の良い誤帰属を起こすための事例の一つであり、恋愛映

画を見に行く以外にも、同じように誤帰属を生む導線さえ作ることができれば、恋は簡単に作れます。

例えば旅行先など普段出会うはずがない場所で知っている異性にたまたま会った場合に、「こんなところで会うなんて思わなかった！　何か縁でもあるのかなあ…もしかして運命かもね笑」とひと言っておくだけで、相手の脳がそれを「確かにこんなところで会うなんて普通はない」「もしかして運命の赤い糸で繋がっているのかも」「私はこの人のことを好きなのかも」「私はこの人のことが好きなんだ！」のように認知を歪ませ、気づいたら相手があなたのことを好きになることだってあるかもしれません。

あなたに対する恋愛感情に上手に帰属させる具体的な方法はここからいくつも説明していきますが、この背景さえしっかり理解していれば、あなたの状況に合わせて適宜方法に調整を加えることも可能になります。諦めず、粘り強く、気になる人に好きになってもらえるよう、ここから脳をバグらせるコミュニケーション術を少しずつマスターしていきましょう。

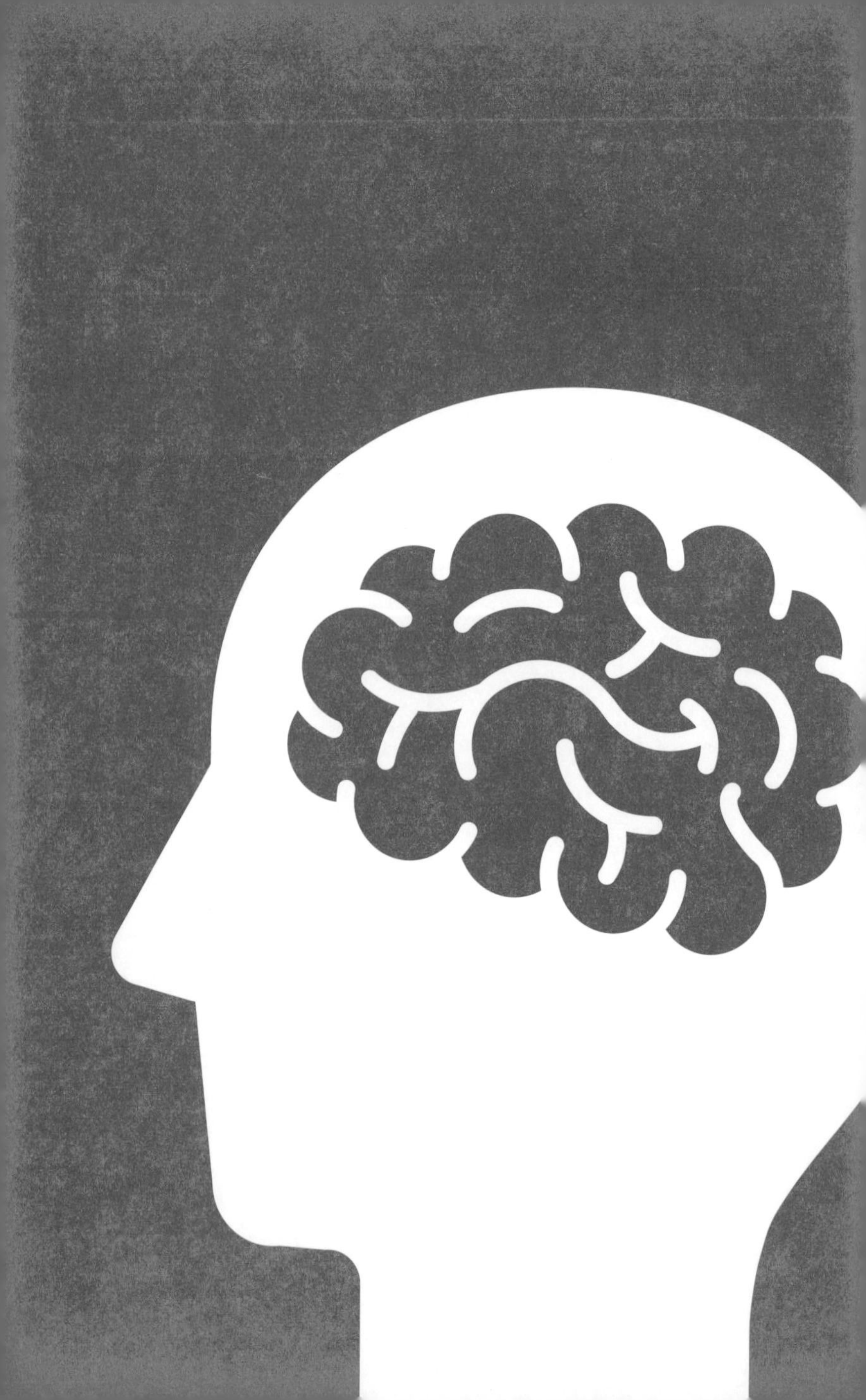

Chapter

相手の脳をバグらせ あなたを好きにさせる習慣

恋愛における脳のバグらせ方として、この章では相手があなたを好きになる、具体的なコミュニケーションの考え方や行動指針を紹介していきます。

第1章でも見てきた通り、相手の潜在意識があなたに惹かれ、かつ誤帰属しやすい妥当な理由が存在すれば十分に恋は作れます。極端なことを言えば一言も言葉を発さなくとも恋は作れるのです。

その最たる事例が「一目惚れ」です。一目惚れは惹かれる要素に偶然触れてしまい、かつ誤帰属する理由が偶然存在した時に起きる現象ですが、もちろんこれも意図的に作り出すことが可能です。

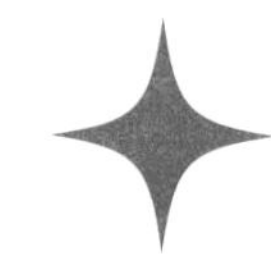

〝惹きつけられる人〟の考え方の基本

好きな人に好きになってもらうためには、あなた自身が「惹きつけられる人」になる必要があります。ここではまず「惹きつけられる人」の習慣や態度、考え方を説明します。

コミュニケーションというと「どういう内容を話すか？」「どういうふうに聞くか？」が重要だと思いがちですが、大切なのはそれだけではありません。そのための基本として、身につけてほしい習慣や態度、考え方を5つ紹介します。

❶ その場を楽しむ

誰かに惹かれた時のことを思い出してみてください。おそらくその人の無邪気な笑顔や友人と楽しんでいる場面、真剣に勉強に取り組んでいる姿など、ふとした瞬間が浮かんでくるに違いありません。

このことから、その場を楽しむことは非常に重要だとわかります。なぜなら**その場を全力で楽しんでいたり、全力で取り組んでいたりする姿自体が魅力的だからです。**特に運動やアウトドアアクティビティであれば、男性は「男性らしさ」を女性に感じさせる機会にもなるし、料理の場やカフェなどであれば、女性は「女性らしさ」を男性に感じさせる機会にもなります。

また、これは**多くの人が恋愛を意識している場でこそ、特に効果的です。**学校の教室、習い事の場、職場、合コン…etc.。こういう場では、無意識のうちに気になっている異性の気を惹こうと振る舞ってしまう人が多いと思います。そのような中、あなただけは異性の気を惹くことにはいっさい目もくれず、その場を楽しんでみてください。全力で。異性の目を（無意識レベルにでも）気にしていない人があなたしかいない状況になれば、明確にあなただけが他の人と違うわけで、このような違和感は周りの目を惹きつけやすい要素になります。例えばリンゴが5個あって、その中に青リンゴが1個だけあったとしたら、まず初めに見てしまうのは青リンゴですよね。あなたの意識に残るのは青リンゴが1個あったという記憶だと思います（違和感については❹で詳しく説明します）。

このように、あなただけが全力で楽しむことで、無意識の注目を惹きつけ、なぜか気になってしまう存在になりやすくなります。

❷ 笑う

笑顔でいること、一緒にいる場で笑うこと、笑いを取ること。どんな形であれ、笑うことは他人を惹きつけます。不審に思う相手や興味がない相手と一緒にいる際に笑うことは少ないですよね。だから、**あなたが笑顔や笑いを日常的に取り入れることで、相手に「この人とは仲が良い」と認識させることができます。**

笑いであれば、

（そんなに会ったことがなかった人と一緒に笑った）

（ということは、こいつは一緒に笑うくらいには仲が良いはずだ）

笑顔であれば、

（この人は私と一緒にいる場でニコニコしている）

（ということは、一緒にいて笑顔になるくらいこの人とは仲が良いはずだ）

相手の脳の潜在意識が無自覚のうちにこのように帰属するので、初対面や気まずい関係からでも、恒常的に「笑い」や「笑顔」を取り入れておくことで、一気に仲良くなるのに役立つのです。

また、表情が豊かな人が魅力的なのも、相手が豊かな表情でいることで、あなたの脳が相手と親密だと誤帰属しているからです。その意味で、**自分の表情を豊かにするように鍛えることで、あなたの「好かれる力」を上げることができます。**

例えば下図の舌のトレーニングが役に立ちます。3分でできるので、毎日お風呂に入る時にでも実践して表情筋を鍛え、豊かな表情を作れるようにしましょう。

口を閉じて、舌の先で歯ぐきの表側をなぞるように、舌を回す。右回り、左回りを各10回。

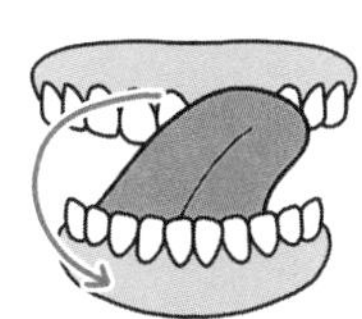

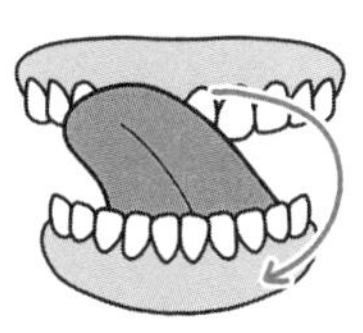

上の歯ぐきの端から端をなぞったら、下の歯ぐきも同様に行い、2秒程度で舌先を1周させる。

❸ 相手の態度を見て判断しない

好きな人とディズニーランドに行ったとしましょう。おそらくあなたは、好きな人が楽しんでいるかどうかを表情や言動を観察して、そのデートがうまくいっているかを判断するでしょう。この時、実は相手もあなたの態度や表情に無意識に反応して、デートの成否を判断しています。

つまり、コミュニケーションがうまくいっているかを判断したい状況であればあるほど、潜在的に人間は相手の表情や言動に意識が向いてしまうということです。従って、相手の態度や反応を見てコミュニケーションの成否を判断するのではなく、あなた自身が「この場は楽しい」という態度で振る舞うことで、相手の脳に「この場はうまくいっている」と判断させることができます。

人気のお笑い芸人で、観客の顔色をうかがいながらネタを放り込む人など1人もいませんよね。何度も練習し、自分のネタはウケるんだという自信を持って、堂々とそのネタを披露しています。実はそれこそがウケる一番の理由であり、あなたが普段のコミュニケーションにおいて、決して忘れてはいけない考え方だと言えます。

❹ 違和感を出す

「❶ その場を楽しむ」（P76）の項目でも少し書きましたが、ここまでの事例で何度も出てきたように、**人間の脳の潜在意識は他と違うもの、見慣れないもの、違和感があるものに真っ先に注目してしまいます。**なぜなら、それがあなたに害をなすものであった場合、例えばそれが毒蛇であれば、一歩間違えば取り返しのつかないことにもなりかねないからです。つまり、違和感に真っ先に意識が向いてしまうのは、生存本能が適応した結果である可能性が高いということです。

いずれにしても、この原則がわかっていれば、特徴的で目立つ「**他とは違う要素**」**を自分の中に取り入れることで注目を集めることができます。**

私は親指に指輪をつけていますが、それは親指に指輪をつけている人がほとんどいないからです。また、普段着ている服はほぼ全て海外滞在時に購入しているのですが、海外の服はディテールが日本人向けの服と異なるため、顕在意識では気づかないレベルかもしれませんが、潜在的な違和感を覚えさせます。

もっと言うと、私が動画内でカラフルなウサギのぬいぐるみを持っているのも、時々タンクトップを着て動画を撮っているのも、この理由からです（ウサギに関しては登場するに至る別の背景もあるのですが、ＹｏｕＴｕｂｅで過去に紹介したこともあるので、ここでは省略します）。

このように、アクセサリーでも、服装でも、髪型でも何でもかまいませんし、話題や口癖でもいいので、あなたも何かしらの「違和感」を身にまとってみましょう。

例えば、あなたがギターのキーホルダーをバッグにつけていたら、

「翔太くん、ギター弾くの？」

のように、相手も無意識でそこに注目し、話題のタネとして取り上げてくれることは往々にしてあります。その際に、もしあなたがあなたの魅力を表す具体的なストーリーを準備しておけば、いやらしくなくあなたの魅力を伝えることができます。

「そうだよ、趣味でコピーバンドやっててさ、ＲＡＤＷＩＭＰＳとかやってる。

これ実はラッドのツアーグッズなんだよね」

「そうなんだ、ラッドいいよね！　他にはどんなのやってるの？」

また、ストーリーを準備しておけるというのも、違和感を出す手法のメリットの一つです。

つまり、先にどういう質問が来るかがわかっているわけですから、確実に自分が持っていきたい方向に話を誘導できる話題を準備しておくことで、あなたの狙った通りの効果を生み出すことが容易になります。

仮に私の指輪の事例で説明するとこんな感じです。

親指に指輪をつけている

→海外に住んでいた際にスキューバダイビングをやっていた名残。ダイバーは水中で音を出せるように、指輪や金属の棒を身につけておき、危険が迫った時など、他のダ

イバーに気づいてほしい時、背負っている金属のタンクを指輪や金属の棒で叩き、音を出して知らせることがある

↓スキューバダイビングの話、もしくは海外の話、スポーツの話などに展開しやすい

↓それらの話の中で海外経験豊富、語学が得意、運動が得意など、自分の魅力を相手に自発的に気づいてもらいやすい

もしくは、

↓実は指輪で手品もできる

↓手品を見せ、驚きを与える。人間の脳は、わからないものをそのまま放っておくのが苦手なので、「タネが知りたい」「なんでだろう」という意識が潜在的に起こり続けてしまい、その手品のタネに対する興味を、私に対する興味として帰属させてしまう可能性がある

なお、**違和感は意識に残りやすいということは話しましたが、同様に記憶にも残りやすいです。**第1章で「記憶の構造上、要点のみが記憶され、その記憶同士が連結し

て記憶ネットワークを構築する」と話しました。印象に残りやすいことはまさに「要点」として記憶されやすいということでもあります。

だから、あなたが醸し出した違和感について、相手から質問を受けて話したエピソードが上手にあなたの魅力を印象づけられるものだった場合、例えば、

親指の指輪→世良悟史は海外経験が豊富、運動が得意…etc.

のように、相手が誰かの「親指の指輪」を見るたびに私の魅力を連想して思い出しやすくなるので、相手が感じる自分の魅力をさらに高めることにも繋がります。

その意味で、**一番良くないのは平凡で他人と変わらないこと、普通であることです。**

このような人は、そもそも潜在的に印象に残る要素が少なく、関心も持たれづらいため、相手の記憶に残り、恋心などに帰属する確率自体が下がってしまうと言えます。

違和感を作っておくこと、そしてその違和感とあなたの抱かれたいイメージを相手の中で繋げておくことは、コミュニケーションにおける非常に重要なアプローチなの

で、意識して目立つポイント、特徴的なポイントを取り入れるようにしてください。

ちなみに、少し前に私が自分の名前を1度だけ漢字で「悟史」と書いたことも、誤植ではなく、実は意味があってやっています。ここではその意図は解説しませんが、おそらくあなたは、無意識だとしてもここで少しの違和感を覚えていたはずです。

❺ 身だしなみを整える

外見にこだわることは「違和感で相手の注目を集める」という意味でも重要ですが、実はそれ以外にも重要なポイントがあります。それは、「外見自体が容易に異性の脳を惹きつける要素」だということです。

まず第1章で説明した通り、人間の繁殖本能は「性的魅力」に惹かれます。魅力が高い人との子供であれば、子供も魅力的になる可能性が高くなるので、子供が生存できる可能性が高くなると本能で感じるからです（イケメンや美女が魅力的な理由の一つはここにあります。特に現代では、外見が良いことを武器にインフルエンサーとしてお金を稼いでいる人も多いですが、これもその事例の一つと言えますよね）。

また、女性の場合は「権威性」にも惹かれやすい傾向があります。権威性がある人の子供は、やはり生き延びられる可能性が高いからです。弁護士、経営者、有名企業勤務…ｅｔｃ．、いわゆる権威がある職業に就いていたり、お金持ちである場合は言わずもがなですが、「権威性がありそう」「お金持ちっぽい」と推測できるような、品がある所作や服装をしている人、または会話の内容からそれが感じられたりする人などには、女性の繁殖本能は無自覚に強く掻き立てられるので、それだけで好きになりやすいです（女性ほどではないですが、男性も同様です）。

それゆえ、**普段から身だしなみをしっかり整えることで、「お金や教養がありそう」と帰属されやすい状況にしておくことが大切です。**肌ケア、髪の毛のセット、爪や毛の処理、筋トレ、食べ方の所作、実はこういったものは全て、非常に大きく魅力と関係しています。

「俺は外見で判断する人は好きじゃない。人間は内面だ」

などと言う人もいますが、それはあなたが顕在意識で考えている意志であって、脳の9割以上を占める潜在意識は、あなたがどのようなこだわりを持とうとも、無自覚に性的魅力や権威性、またはそれらを推測しうる要素に惹かれてしまいます。

だから、事実は事実として受け止め、これらの要素もむげにせず、しっかり適切に対応することをオススメします。

〝惹きつけられる人〟のコミュニケーションの基本

次に紹介するのは、相手と会っている際にあなたが意識すべき、脳をバグらせるコミュニケーションのベースとなる考え方です。具体的なテクニックは第3章で紹介しますが、それらを適切に使いこなすために、しっかりベースとなる背景知識を押さえておくことが大切です。ポイントは全部で8つ。一緒に見ていきましょう。

❶ 記憶をもつれさせやすい言葉を使う

第1章で紹介した通り、記憶も感情も事前に与えられた情報によって簡単に影響を受け、時に改ざんされてしまうという脳の性質があります。今回はそれを利用して、**あなたにとって都合の良い記憶や感情が想起されるような言葉を会話の節々にちりばめ、相手に植えつけていきます。**

人間の脳には「意味のネットワーク」があります。

これは、生まれてからこれまでに学んできたことを全て含む「知識の巨大な網の目」のようなものです。ネットワークに含まれるひとつひとつの概念は「ノード」（節点）と呼ばれ、関連する他の概念と結びついています（関連が強いほど結びつきも強くなる）。この結びつきがあるため、意味のネットワーク上の一つのノードが（何らかの情報によって）活性化すると、それと結びついた他のノードもすべて活性化します（＝活性化拡散・下図）。

そのため、「信号で〝止まれ〟は何色？」と聞かれると、「赤」と関連があるもの（「リンゴ」「イチゴ」など）も強く活性化し、次に「何でもいいから果物を思い浮かべてみて？」という質問をされると「リンゴ」と答える確率が高くなります。

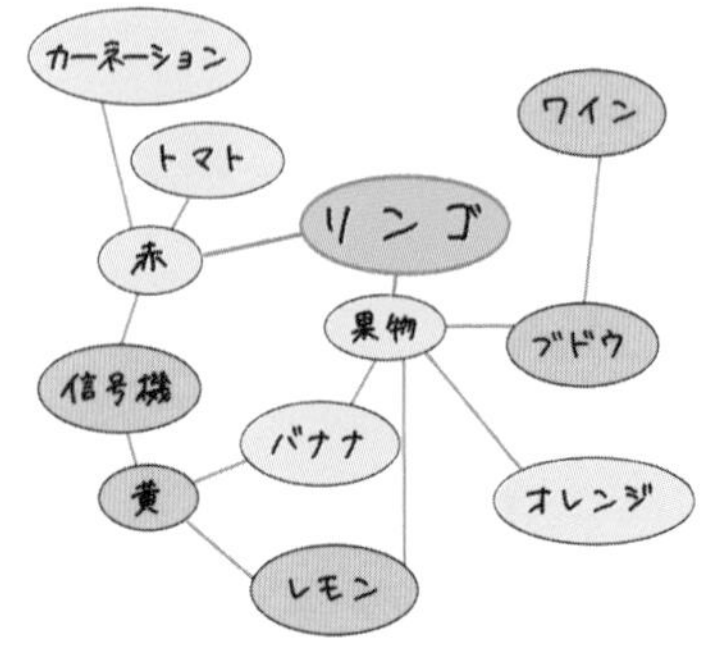

これらを基に、**あなたが相手に抱かせたいイメージや取らせたい行動を作ることが**

できます。例えば「デート」することを目標にするのであれば、「ディズニー」「映画」「告白」「彼氏」「彼女」「記念日」「ドキドキ」など、「デート」に繋がりやすそうな単語を会話にちりばめます。ここでのポイントは直接的に言わないことです。

「ディズニーのスプラッシュマウンテンって、めっちゃドキドキするよね笑」

「来週記念日でしょ、学校の創立記念日だから休みみたいだよ」

「友達の彼氏がさあ…」

「正直に告白すると、俺今日１０００円しかないんだよね笑。誰かおごってくれないかな笑」

このように、デートとは全く関係ない文脈で良いので、デートに繋がりそうな単語を何気なく使います。そして、「どこに遊びに行ったら楽しいか」のような話題で盛り上がると、あなたが事前にちりばめていた単語が相手の脳内で繋がっていきます。

つまり、単に遊びに行ったら楽しい場所の話をしているのに、「ディズニー」や「映画」、もしくは「彼氏」や「彼女」と遊びに行くイメージ、出かけた先で告白され

「ドキドキ」するイメージなどが、無意識レベルで相手の脳内に浮かんでくるのです。

なお、もし同時に「俺と」「私と」「一緒に」「2人で」などという言葉を事前に刷り込んでいると、「遊びに行って楽しい場所」の話題をしているだけなのに、そこに「あなたと」「一緒に」「2人で」行くイメージを想起しやすくなります。

もしすぐにその場でデートに連れ出したいなら、「今日」「この後」などの単語を、デートに対する相手の気持ちを軽くしておきたいのであれば、「軽く」「とりあえず」「してみる」「試しに」「ちょっと」などの単語を刷り込んでおけば良いです。

単語レベルでの刷り込みは、いわゆる「あなたはだんだん眠くなる」というザ・催眠術とは違い、意識していなければ相手は全く気づきません。無意識という無防備かつ影響を大きく受ける部分にドンドン弾を打ち込んでいくと、相手の潜在意識はそれに大きく影響を受け、行動を決める際にあなたが打ち込んだ弾がなんとなく想起されてしまうというように、相手の思考を誘導することができます。どういう単語を使うとあなたの理想通りになるのか、事前に考えて単語を準備しておき、会話の中にちりばめるようにしましょう。

❷ 伝えたいことは想像させる

まずは以下の2つの文章を読んでみてください。

「一目惚れっていいよね」

「あみかちゃんは一目惚れってしたことある？　ちょっと想像してみてほしいんだけど、一目見た瞬間胸がドキッとした。で、なんでかわからないけど、この人のことがなんか気になっちゃう。お風呂に入っている時とか、寝る前とか、一人でいるとなぜかいつもこの人のことを考えてしまう…。そんな体験のことだよ」

それぞれの文章を読んで、どんな感情を抱いたでしょうか？　後者の方が「一目惚れ」のイメージが膨らんだと思います。

人間の脳は本質的にイメージと現実を区別できないので、**実際に一目惚れした時に抱く感情や、その時に取るであろう行動を聞くだけでも、同じような効果を得ることができます。**それゆえ、会話の際は次の3つのことを意識してみてください。

①「想像してみてほしいんだけど」

相手に直接的に「想像してみてほしいんだけど」と言ったり、「想像してみないと答えられない質問」をしたりすることで、抱いてほしい感情を実際に相手に擬似体験させることができます。

「女性は花が好きだよね。それってなんでだと思う？」

（質問に答えるためには、自分がなぜ花が好きかどうか考えてみなくてはならない）

②選択肢を絞る（ダブルバインド）

「ダブルバインド」は有名な心理テクニックです。例えば、

「私とデートしない？」

と誘うと、YES or NOの選択肢が想起されるので、NOを選ばれてしまう可能性もありますが、

「水族館かプラネタリウム、どっちに行きたい？」

と「デートに行く前提」で誘うと、YES or NOではなく、自然に水族館 or プラネタリウムの選択肢で考えやすくなるので、相手がデートに応じる確率が高まるとい

うものです。

これは非常に有用なテクニックなので、さまざまなインターネット記事や書籍などで紹介されてはいますが、このダブルバインドの本質はそこではありません。

質問の際に「水族館かプラネタリウム」と具体的な選択肢を提示することで、相手はこの質問に答えるために、水族館でデートすることと、プラネタリウムでデートすることをイメージしないと、どちらが良いか判断できません。そのため、一瞬で無意識レベルのイメージだとしても、**この質問をすることで、相手の脳内に抱かせたいイメージを抱かせることができます。これがダブルバインドの本当のすごさです。**相手は脳内でイメージをしてしまっていることに自分で気づく場合もありますし、無意識のうちに脳内で行われていて意識上では気づいていない場合もありますが、いずれにしても、あなたが想起させたいイメージを抱かせられるからこそ、ダ

ブルバインドは非常に有用なテクニックなのです。

だから、気になる人とＬＩＮＥを交換した後は、

「祐介くんって、私には可愛いスタンプじゃなくて面白系使いそう笑」

と伝えておくことで、あなたにＬＩＮＥを送るイメージが湧くので、ＬＩＮＥが来る確率が高まりますし、

「俺来週誕生日だから、おしゃれなプレゼントをくれてもいいし、サプライズでラブレターくれてもいいよ笑」

と伝えれば、あなたを好きになる確率も高まるというわけです。

③感情的なワードを多用する

「ドキドキした」「キュンとした」「楽しかった」「癒やされた」「気持ち良かった」など、**感情的なワードを普段から多用しておくことで、活性化拡散が起き、相手がイメージする際にこれらのワードに繋がりやすくなります。** そのため、普段からネガティブな感情ワード（「ムカつく」「嫌い」「うざい」）などは使わず、ポジティブな

ワードや恋愛感情を想起させるワードを多く使うようにしましょう。

❸ 恋愛感情は隠す

人間の脳は不確かなものを放置しておくのが苦手です。

例えばテレビのクイズ番組で「鳳梨釋迦」という漢字が出てきて、「この漢字が表す果物は何でしょう?」というクイズが出題されたとします。おそらくあなたは、この後答えが出ずCMに入ったとしても、CM後まで待って答えを見てしまうか、ネットで検索して答えを知ろうとしてしまうのではないでしょうか。

もし答えを知らないままテレビを消してしまっていたとしても、あなたの無意識の部分にこの「鳳梨釋迦」という漢字のイメージが残っているので、この漢字を目にした際は、「そういえばこれ何て読むんだっけ?」とふと考えてしまったりするでしょう(ちなみに鳳梨釋迦の生搾りジュースはマジでおいしいです。私が3番目に好きな果物ジュースです。機会があったら飲んでみてください)。

このように、「答えがわからない」という状態を放置しておくことで、潜在意識レベルでその答えを知りたいと思わせたり、関連する事項が出てきた時にそのことを思い出させたりする効果があります。

恋愛においてもこの脳の仕組みを応用できます。あなたが好きな人に対する恋愛感情を隠しつつ、相手を褒めたり、一緒に話して盛り上がったりすることで、好きな人はあなたに好感を持つ一方で、あなたが自分のことを好きかどうかわからず、答えを知りたいと感じますよね。そうなるとあなたのことを考える機会は自然と増えていきます。そして、このように脳内で考える機会を増やすことで相手の脳内で単純接触効果が働き、あなたへの恋心は育っていきやすくなります。また、いつもあなたのことを考えている理由を見つけようとして、「こんなにもあなたのことを考えてしまうのは、あなたのことが好きだからだ」という誤帰属も起きやすくなります。

そういう意味では、よく聞く「誰かを好きになったら、正面からガンガンアピールすべきだ!」というのは大きな間違いです。相手に好きだと知られてしまうことで、相手は「あなたは自分のことを好き」という明確な答えを手に入れるので、あなたのことを考える機会が減り、あなたへの恋心は育ちづらくなります。ガンガンアピールすべきなのは、相手があなたのことを既に好きそうな場合、または一切認知すらされていない場合のみです。

なお、「恋愛感情を隠せ」というのは「冷たく接しろ」とか「相手のことを嫌いかのように振る舞え」という意味ではないので注意してください。もしそうすると、

（あの人に冷たくされた）

（なんでだろう）

（いつもあの人のことを考えてしまう）

（いつもあの人のことで悩んでいるのは、あの人のことが嫌いだからだ）

という誤帰属が働いてしまい、ネガティブな結果を生むこともあります。

正しくは、「好きな人相手にやってしまう行動を取りつつ、同時に好きでも嫌いでもない人相手にやってしまう行動も取る」といったものです。

例：あなたが相手のことを褒めた

↓相手は「自分に気があるのかな？」と感じた

↓しかし、あなたは他の人のことも褒めていた。相手はその事実を知り、「もしかしたら自分に興味があるわけではないのかも…でも…」と、あなたが自分のことを好きかどうかについて考えてしまう

好感を持っていることは薄々であれば知られてもかまいませんが、**相手が自分を好きだと確信するまでは、特別な感情を持っていることを確信させないようにすることが大事です。**

❹ 全部を教えない

前項では、基本的に恋愛感情は「知られない方が良い」と説明しましたが、この「知られない方が良い」という考え方は、恋愛感情以外のことにも当てはまります。

例えばこういう会話の例があります。

「彩香ちゃんって不思議な魅力があるよね」

と褒めてみます。もし、

「不思議な魅力って？」

と聞かれたら、

「うーん、何て言えばいいかは難しいんだけど」

と、うやむやにしたり、流したりします。

すると、相手は「不思議な魅力とは何か」が気になり、その意味を知りたくなります。これにより、「あなたが何を思ってそれを言ったのか」を無意識のうちに考えさせることができます。

他にも「話したいことがあったんだけど、ＬＩＮＥで書くと長くなるから、次会った時に言うね！」とＬＩＮＥを送る、などもいいでしょう。

また、

「ここどこでしょうか？」（画面にイタリアの写真）

「えー、ここどこだろ？　外国？　アメリカ？」

「はずれ。当たったら１００万円あげるよ笑」

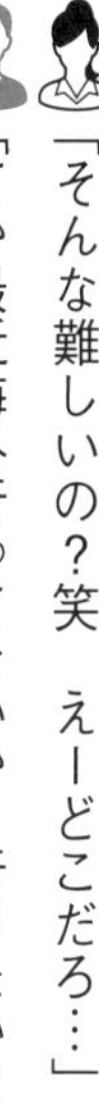

「そんな難しいの？笑　えーどこだろ…」

「てか最近海外行ってないから行きたいよね〜。行くとしたらどこ行きたい？」

のように、普段の会話に織り交ぜてクイズを出すのも良い方法です。このように答えを教えず話を流してしまえば、相手に潜在意識下でその答えが気になり続けるように誘導することができます。

加えて、**LINEやDMを即レスしすぎないのも重要です。**あまりに遅すぎると、顕在意識で「この人はマナーがなってないな」などと思わせてしまう可能性があるので注意しなければいけませんが、LINEなどでやりとりをしている以上、相手がメッセージを送った後は常に、あなたからの返事や回答を潜在的に待っている状態ですよね。当然相手がスタンプなどを打って終わりになる流れの場合は別ですが、あなたが次に返信をして然るべき状況だとすれば、その回答が相手にとってどうでもいい内容でも、もっと言えば相手があなたにそこまで関心がなくとも、相手の潜在意識に「この会話を完結させせたい」「送った質問の返事が来ない

となんか気持ち悪い」などという感情を無意識に抱かせることができます。すると返事が来るまでの間、あなたから返信が来ていないことを相手は潜在的に考えやすいので、あなたのことを考えさせる機会を作ることができます。このように「教えない」のではなく「教えるタイミングを遅らせる」というのも効果的な方法です。

※注：「すぐに返信してくれる人が好き」という人も多いですが、それはすぐに返信をもらうことで未完了事項や不確定事項が解決されて満足できるからです。しかし、満足することによってあなたを好きになるとは限りません。それよりも、満足することであなたのことを考える時間が減ってしまうことの方が大きな問題です。

❺ 緊張と弛緩

他人に好印象を抱かせたい時、「褒める」「一緒に笑う」「プレゼントを渡す」などの行為を通して、相手の感情がプラスに振れることで「好意」になる、という理解をしている人が多いと思います。それは半分正解で、半分間違いです。正しくは、**「感情がプラス方向に振れた時、振れた感情の分だけ好印象を抱かせることができる」**です。つまり、重要なのは「最終的にどれくらいプラスの位置になりうる言動をしたか」ではなく、「感情の振れ幅をどれだけ大きくすることができたか」です。

このことより、**マイナスから普通に戻るだけでも好印象を与えることができる**ということがわかります。実際、毎回テストで90点を取る優等生は、90点を取っても「それが当然だ」と見なされるので、その点数に対してさほど褒められることはありません。しかし、万引きで捕まった不良が先生から叱られ更生し、いつも赤点だったテストで60点を取ったらどうでしょう？　あなたはどちらに対して好印象を覚えますか？絶対値でいえば間違いなく優等生の方が優秀なのに、おそらくあなたの印象に残ったり、あなたの心に少しでもプラスの感情を与えたりしたのは不良の方だと思います。

このことが理解できると、**「気恥ずかしくて好意を示すアピールをするのが難しい」とか、「真剣な場なので口説くのは難しい」というような状況でも、上手に相手の感情を振れさせ、好印象を獲得することが可能だとわかるでしょう。**

既読スルーが良い例です。既読スルーによって返信が遅いことはマイナスですが、タイミングが良ければ、あなたから返信が来た際の安堵感によって相手の感情をプラスに振れさせることができます。

これを普段の会話に取り入れるのであれば、「一瞬意味が理解できない言葉を言う」ことがオススメです。

「レッドチョコレートいる？」

「え、レッドチョコレートって何？」

「間違えた、ブラックチョコレートだった笑」

これは一見プラスでもマイナスでもないような会話に思えるかもしれませんが、実は、「レッドチョコレート」という単語に一瞬「ん？」と感じた相手は、どういう意味か理解しようと潜在意識が半自動的に思考を進めてしまい、ほんの少しですが脳にストレスがかかっている状態です（＝緊張）。その後、その意味が理解できると緊張が解かれて、感情が緩みます（＝弛緩）。

この**「緊張から弛緩」の感情の振れ幅で、相手は無意識にあなたに好意を覚えます。**冷静に見ればなんら面白い会話ではないのですが、こういう会話で笑いが生まれるのは、緊張が解けるからなんですね。

お笑い芸人の狩野英孝さんが人々の印象に残りやすい理由の一つはおそらくこれで、いつもよくわからない言い間違いをしたり、意味不明なことを言ったりするからです。お笑い芸人の有吉弘行さんが印象に残りやすい理由も同様で、「おしゃべりクソ野郎」など、キャッチーかつほんの一瞬意味や構成を考えてしまう、聞いたことがない新語を作り出すことで、視聴者の脳を動かすことに成功しているからですね。

緊張と弛緩は常に恋愛感情に紐づくわけではありませんが、感情が動いた瞬間は印象に残りやすく、自分に対して自然にポジティブな印象を持ってもらいやすいので、普段から意識するようにしてみてください。

❻ 何かをしてあげる

人は**他人から何かを与えられた場合、潜在的に相手にも何かを返したい**という感情を覚えます。

ご自身の人間関係に当てはめてみると理解しやすいと思います。基本的にはあなたに好意を向けてくる人のことはあなたも好きであることが多いでしょうし、あなたに敵意を向けてくる人のことはあなたも好きではないと思います。これは、「好き」という感情に対して「好き」を返してしまったり、「嫌い」という感情に対して「嫌い」という感情を向けてしまったりする例です。

では「あなたに『好き』を向けたい」と他人に思わせるためにはどうすれば良いのか。それは**普段から他人に対して「丁寧に接する」「気配りする」「思いやる」というのを続けること**です。相手があなたに対して好意的ではなかったとしても、常にそういう態度を続けることで、気づいたら相手もあなたに好意的になるということは往々にしてあります。

だから、あなたも**小さなことからで良いので、相手に対して何かをするよう心がけてみてください。**にこやかに挨拶をする、相手の良いところを見つけたら褒める、相手が困っている時は「大丈夫？」と声をかける、こんなレベルからで大丈夫です。余談ですが、私は普段からカバンにコスメポーチを入れてあり、そこには絆創膏（ばんそうこう）、ティッシュ、朱肉、ボールペン、ハンドクリーム、充電コード、のど飴などが入っているので、他人のために何かをできる状況が舞い込んで来やすいです。

なお、好意を与えたい相手のみならず、誰に対してもこのような振る舞いができるように習慣づけておくと、好きな人と接する時もこのような対応が自然にできるようになるので、普段から意識して身につけることがオススメです。

❼ あなたのために何かをかけさせる

「好きにさせたい相手に何かをかけさせる」、これが上手にできると、相手の側からあなたを求めてくるようになります。信じられないかもしれませんが、例えば今すぐあなたがいなくなったら、あなたのお父さんやお母さんはどう思うでしょうか？

手塩にかけて育てた大事な子供がいなくなった
↓精神的に辛くて辛くて仕方なくなる
↓あなたを愛おしく思い、帰ってきてほしいと強く願う

こうなるはずです。それは、あなたの親があなたのために継続して手間をかけ、時間をかけ、お金をかけ、たっぷりの愛情をかけてきたからです。同じように、あなたが好きな人に何かをしてもらうことを積み重ねることで、相手に「あなたを失いたくない」という感情を抱かせることができます（具体的に何をすれば良いかは後述）。

「何かをかけさせる」ことが有効な理由を、脳の進化を交えて説明すると、次の２つがあります。

①損失回避本能（生存本能）

狩猟採集民時代、食糧を失うことで人間は死に直結しました。その派生で、人間は

「失う」ことを無意識に嫌がるように本能が適応していきました。

また人間の脳は、何かをかければかけるほど失うものを大きく感じてしまうので、かけてきたものが積み重なるにつれて、「失いたくない」という本能はより強く刺激されます。よって、あなたのためにさまざまなことをかけさせ、その段階を徐々に大きくしていくことで、「あなたからの好意を失いたくない」「あなたとの関係を悪くしたくない」などと感じさせ、あなたを求めさせることができます。

進化の過程で身につけた本能には抗えないということです。

②一貫性（生存本能）

認識した全てを顕在意識で判断していると、思考や判断に時間やエネルギーがかかりすぎてしまいます。外敵に襲われるリスクと隣り合わせだった狩猟採集民時代には、思考や判断は可能な限り速くする必要があったでしょうし、食料の確保も大変なので、可能な限りエネルギーを節約したかったのでしょう。

だから、人間の脳の潜在意識は、一貫性があるもの（継続的なものやバランスが取れたもの）に惹かれるように進化していきました。つまり、顕在意識で考えなくても、一貫性があるものを良いものだと無意識に判断するようになっていったのです。

そのため、あなたにいろいろなものをかける行為を積み重ねることで、「その一貫性を保つことはいいことだ」と相手は潜在意識で感じてしまい、「もっともっとあなたにたくさんのものをかけたい（＝あなたのために何かをしてあげたい）」と思うようになっていきます。さらにその相手が恋愛対象になりうる異性であれば、この感情は「この人のことが好きだから何かをしてあげたいと感じるんだ」と往々にして帰属します。

これらの背景を理解すると、「相手に何かをしてもらう」ことが、相手に好きになってもらううえで非常に重要なのだとわかります。

では具体的に何をかけさせれば良いのでしょうか？　何をしてもらえば良いのでしょうか？　いくつか具体例を挙げます。

〈お金をかけさせる例〉

・ジュースを奢（おご）ってもらう　・ＬＩＮＥスタンプをプレゼントしてもらう

・本やアプリなどをオススメして相手自身に買わせる
・長い電話をする（電話代がかかる場合）　・誕生日プレゼントをねだる
・一緒に習い事を始める　・遠方に遊びに行く（電車代など移動費がかかる）
・デート代を出してもらう（割り勘にして少しでも出してもらう、足りない小銭を出してもらうなど）

〈時間をかけさせる例〉
・話す　・宿題を手伝ってもらう
・トイレに行く間にカバンを持っていてもらう
・忙しいので代わりに何かを買ってきてもらう
・待ち合わせで家の近くまで来てもらう
・知らないことを調べてＵＲＬで送ってもらう
・買い物に付き合ってもらう
・デートをする　・同棲する

〈感情をかけさせる例〉

・たくさんLINEのやりとりをする　・思い出を聞いて語らせる
・あなたのことをよく知ってもらう　・オススメの本を教え合って感想を語り合う
・相談に乗ってもらう（＝その後うまくいったか気にかけさせる）
・1000円貸してもらう（＝返してもらうまで脳裏に残させる）
・手紙を書いてもらう　・付き合う　・キスする
・友達や家族に恋人だと紹介してもらう　・喧嘩（けんか）して仲直りする

このような行動でお金・時間・感情などを相手にかけさせることが可能です。これらは一事例ですが、**簡単にできることでも十分効果はあるので、気になる相手に「かけさせること」を継続して積み重ねるようにしましょう。**

そして簡単なものに慣れてきたら、少しずつ大きなものを「かけさせる」ようにすると良いです。これによって起きる現象を一般的には「依存」や「執着」と言いますが、これは人間の本能を複数回強く刺激したことで起きる現象であり、かなり効果が高いといえます。

これらの「かけさせること」を継続した結果、相手は「あなたとの関係を続けたい」「あなたとの関係を失いたくない」という感情を間違いなく抱くようになるはずです。

❽ ❶～❼の基本を守る

最後になりますが、ここまで紹介してきた内容を徹底して実行し続けることが大切です。

それにより、あなたを見たり、あなたのことを考えたりするだけで好感を抱かせることができるようになります。これは一種の条件反射のようなものです。レモンや梅干しをイメージすると、口の中に唾が溜まってくると思いますが、それはあなたが子供の頃から、「レモンや梅干しを食べると酸っぱく感じて唾が出る」という生理反応を繰り返し経験したからです。同様に、あなたといる時は毎回好感を抱く、という体験を積み重ねた人は、そのうちあなたを見たり、想像したりするだけで、勝手に好感を抱き始めるようになります。

さらにこれを積み重ねると、相手の潜在意識が「あなたを見ると嬉しい気持ちになる」などという状況を当たり前に感じ、一貫性を持ち始めるので、この条件反射による感情はさらにがっちり固定化されていきます。

ここまでが、相手の脳をバグらせ、惹きつけるための前提や基本となる内容です。多くの方がこういう前提条件を読み飛ばし、具体的な方法論ばかり知りたがるのですが、こういう背景を知らないと、個々の行動を起こす時に臨機応変に対応できず、残念なことになりかねません。

従って長くはなりましたが、ここまで読み飛ばさずしっかり理解してきたあなたは、次章にて紹介する「相手の好意を帰属させる具体的な行動」を上手に行えるようになるはずなので、自信を持って次の章に進んでいただいて大丈夫です。逆に、読み飛ばしてここにたどり着いてしまった人がいたら、個人的には戻って読み直すことをオススメします。

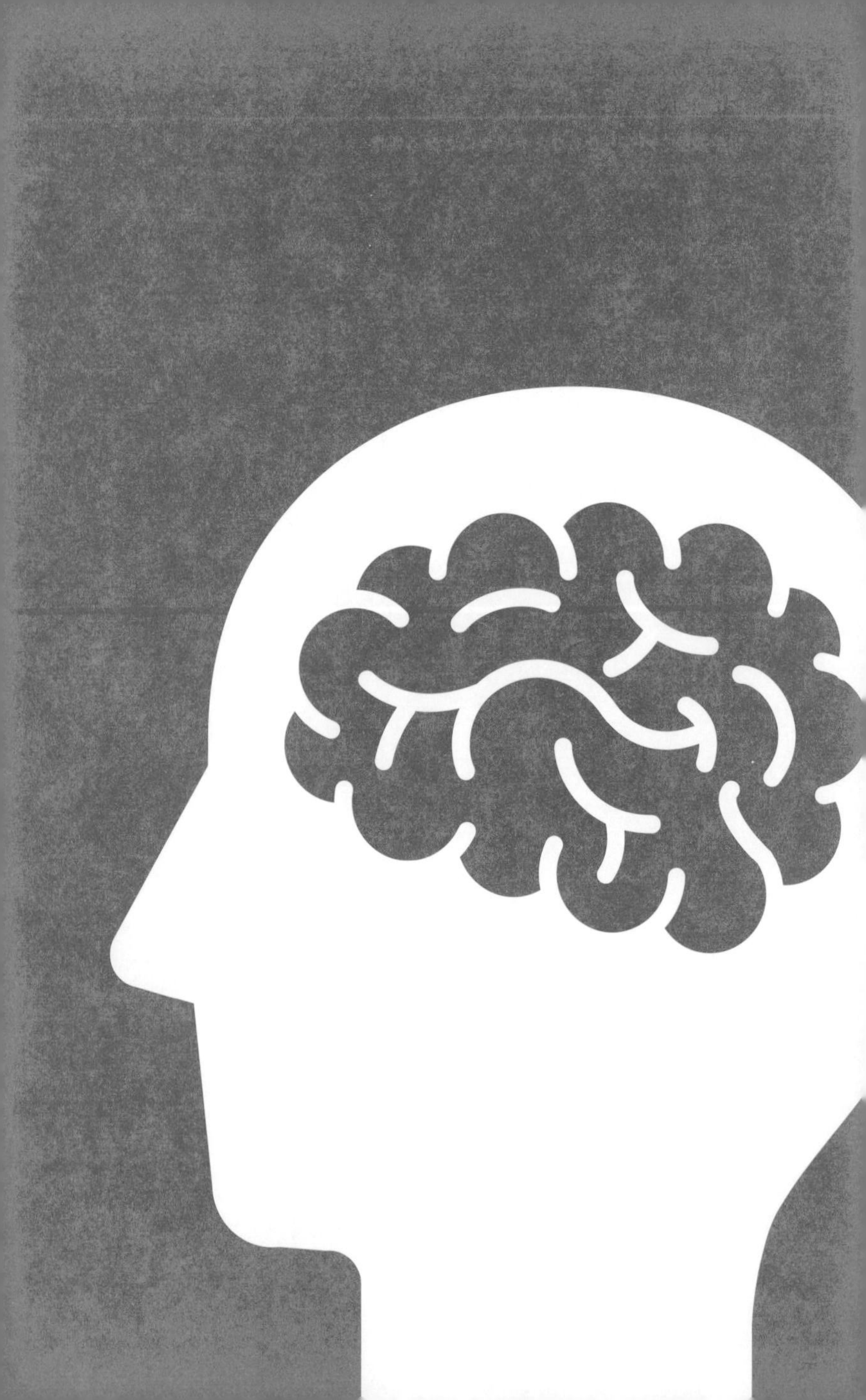

Chapter

相手の脳をバグらせあなたを好きにさせる具体的な行動

ここまではどういうロジックで他人の脳を動かせるのか、そのためにあなたが普段から意識しておくべき心構えや行動指針を説いてきました。この章では、状況ごとにあなたに実際にとってほしい具体的な行動を順に紹介していきます。「目線や注意の向け方」「知り合った後、会っている時にとるべき行動」「知り合った後、会っていない時にとるべき行動」の３つに分けて方法論を記載しました。ぜひ参考にしてみてください。

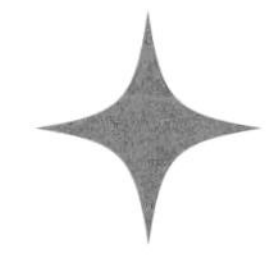

目線や注意の向け方のルール

まずは、好きな人を前にした時の目線について説明します。魅力的な異性と出会う前から出会った後まで、1対1のコミュニケーションから集団でいる時まで、それぞれのシチュエーションに合わせて実践していきましょう。

❶ チラチラ見ない(出会ってから仲良くなるまで)

気になる相手が近くにいてもチラチラ見ないでください。これはもちろん男女共に効果がありますが、特に男性が行うことで大きな効果を発揮する行動の一つです。

男性の皆さんは、可愛い女の子とすれ違う時、チラッと見てしまった経験はないでしょうか。これは繁殖本能が働いた結果です。人間の脳は自分の遺伝子を後世に残すことを第一優先事項としているので、魅力的な女性がいたらつい反応してしまうようにできています。

これは、男性ほどではないにしろ、女性に対しても同じことが言えます。ただし、男性の方が女性よりもこの本能が強いのは、自分の遺伝子を後世に残す確率を高めるためです。当たり前ですが、妊娠した女性は子供が自分の子供だとわかる一方で、男性は本質的にはわかりえません。結果として、男性は自分の子供が生まれる確率を高めるために、「子供を作りたい」という無意識の欲求が女性よりも強く湧くようにできています。いずれにしても、男性も女性も、魅力的な異性を見たいと思うのは生物の繁殖本能からして当然の反応だということをまずは認識してください。

そして、我々が魅力的な異性を思わずチラチラ見てしまうということは、魅力的な人は普段から異性の視線を浴び続けているということでもあります。特に、先ほど説明した通り、男性は女性のことを無意識に見てしまうようにできているので、女性は毎日嫌というほど男性の視線を浴び続けています。

ということは、魅力的な人たちからすれば、自分をチラチラ見てくる人は、自分への興味を丸出しにしている大多数の中の1人だと言うこともできます。だからこそ「どんなに可愛い女の子とすれ違っても見ない」「超絶イケメンがいても見ない」、これを徹底してみましょう。

普段からチラチラ見られている魅力的な人ほど、チラチラ見ない人に潜在意識レベルで強く惹かれる傾向があります。出会ってすぐに「遺伝子レベルでこの人は魅力的なんだ」と感じさせることができれば、スタートダッシュは完璧です。

❷ 1～2秒じっと見つめる（ある定程度仲良くなる前）

前項の内容と矛盾しているように感じる方もいるかもしれませんが、これは「普段は自分から相手のことを一切見ないようにに心がける」一方で、「目が合った時は目を逸らさずじっと見つめる」ようにしようということです。世の中にはチラチラ見る人が多い一方、じっと見つめる人は少ないです。事実、あなたも積極的に目を合わせるのは家族、恋人、親友といった、かなり親しい、安心感がある人のみだと思います。

これは、初対面や仲良くなる前の段階でやってみると良い方法ですが、まだ親しくない相手の目をじっと見るというのは恥ずかしいかもしれません。でも、そこをなんとか1～2秒だけ頑張ってみましょう。すると、相手の脳は目が合っている理由を誤帰属して、あなたに対して潜在的に親近感を抱きやすくなります。

また、顕在的、つまり意識できるレベルでも、

「なんで私のことを見ているんだろう…」

「もしかして知り合いだったっけ？」

「私のこと好きなのかな？」

のように、相手の脳に、見続けている理由を考えさせることができます。

一般的に相手のことを考えるのは、その人のことを好きな場合か嫌いな場合だけなので、相手の脳は、あなたのことを考えている理由を、

（あれ、私、この人のこと気になっているから、考えちゃっているのかな…？）

というふうに帰属させてしまう可能性があります。

ただ、相手にネガティブな印象を持たれている場合は、相手の脳はあなたのことを考えてしまう理由を「キモいから」のように、ネガティブに帰属させてしまう可能性もあるので、**目が合ったら「笑顔を投げかける」「会釈する」、場合によっては「手を振る」など、ネガティブな誤帰属を回避できるようにはしておきたいところです。**こ

れらの行動はネガティブな誤帰属を回避するだけではなく、ポジティブな誤帰属の効果を大いに高める効果もあります。

さらに、「どうしたの？」とか、「気づかなかったけど、奥二重なんだね」のように、相手に何かしら考えさせやすい、含みを持たせたセリフを言うのもオススメです。「全部を教えない」「不確定要素を作る」ことのメリットを先に紹介しましたが、これらの「含みを持たせた行為」も、「なぜあなたが手を振るのか」「あなたの笑みにはどんな意味があったのか」など、相手の中に答えがない問いを作り出し、その答えを考えさせるように誘導することができます。

いずれにしても、これらのような相手に自分のことを考えさせる行動を、自然に実行できるようにしておくことが大切です。緊張したり急な場面ではなかなか出てこないと思うので、「目が合ったらニコッと微笑んで『ん？　どうしたの？　初めましてだよね？　俺は大樹。君は？』って言うぞ！」などと、どう振る舞うかを事前に決めておき、淡々と実行するようにしましょう。

❸目が合ったら3~4回に1回は目を逸らす（軽く知り合って以降）

ここまで読み飛ばさずに来たあなたであれば❶と❷で紹介した、

・目を合わせる
・目が合ったら逸らさず堂々と1~2秒見つめる
・笑顔や会釈を投げかけたり、含みを持たせることを言う

は既に実行し、気になる相手から潜在的に好意を抱かれているはずです。もしかしたらそれはまだ恋愛的な好意ではないかもしれませんが、少なくともポジティブな印象ではあるはずなので、この段階で、あなたが「時々目を逸らす」というのを取り入れることで、

（何かあったのかな？）
（なんで目を逸らされたんだろう？）

（嫌われているのかな）

などと、答えのない疑問を相手に潜在的に抱かせることができます。

一般的な人は、自分が嫌いな人以外から嫌われると非常に気になり、その原因を知

りたくなります。そして、その過程であなたのことを考えるようになり、あなたのことを考えてしまう理由を「好き」に帰属させてしまう可能性が生まれます。

仲の良い人に対してわざと興味がないように振る舞うのは、申し訳なく感じるかもしれません。だからこの場合は、過程ではなく結果や目標に注目して考えます。それをやらなければ相手との仲は進展しない可能性が高く、それをやればより仲良くなれたり、あなたが相手を幸せにできる可能性が高まる。行動できないのであれば、それはあなたの脳が無意識に楽をするために言い訳を見つけているだけです。自分に負けず、勇気を出して実行してみましょう。

❹ 至近距離でじっと見つめる（ある程度仲良くなってから）

ここまでの行動を実践してある程度仲良くなったら、至近距離でじっと見つめるというのも取り入れてみましょう。仲良くなる前の段階で至近距離から見つめられたら即通報案件ですが、好意がある相手に至近距離で見つめられたら、見つめられた意味を考えてしまうだけではなく、その後の展開を無意識に想像してしまい、あなたを意識するようになりやすいです。

それは私たちが子供の頃から受けている刷り込みの影響だったりします。有名なおとぎ話に始まり、ドラマも映画も漫画も小説も、皆さんはキスをする前に至近距離で見つめ合うというシーンを何度も繰り返し目にしてきていませんか？　だから、至近距離で見つめられるだけで、「見つめられる→キスをする」という記憶の連結を脳が無意識のうちにしてしまうので、恋愛感情に誤帰属しやすいんですね。

ただし、多くの人にとって、至近距離から見つめるという行為はハードルが高いと思います。そこで、「ぎこちない沈黙」を利用するのがオススメです。何を話せばいいかわからず、沈黙が生まれてしまったタイミングを利用しても良いですし、会話の最中にあなたが急に黙ることで意図的に沈黙を生み出してもかまいません。そして、次の例のように沈黙を起こして相手の目をじっと見つめた際に、「沈黙」もしくは「見つめた理由」を上手にリフレーミングできれば、相手の目を見つめたことを正当化することができるので、恥ずかしい思いをすることもほぼありません。

何を話せば良いかわからなくてぎこちない沈黙になった

↓あなたは1～2秒間堂々と真顔で相手の目を見つめ、クスッと笑ってこう言う

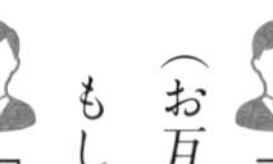

「さっき気づいたんだけど、梨沙ちゃんも俺と同じで結構コミュ障だよね？笑」

（お互いの類似性を指摘することで、相手に親近感を持ってもらう）

もしくは、

「そういえばさ、加奈ちゃんは誰かと一緒にいるけど何もしないでいる時間って、楽しめるタイプ？　なんか今みたいなのってさ、仲良くなった感じがしていいよね」

（「仲の良い人同士であれば沈黙も楽しめる」という認識を利用し、気まずいから沈黙したのではなく、相性がいいから沈黙した、と相手の認識をリフレーミングする）

他にも、

「あのさ…目ヤニついてるよ」

「（焦って）え？」

「うそうそ、愛ちゃんってまつ毛長いんだなあと思って、つい見ちゃった笑」

（沈黙の理由を「何かに気づいたから」だとリフレーミングする）

多くの人は気まずい沈黙が起きることを嫌がります。なぜなら、自分のコミュ力がないために起きた沈黙だと感じるからです。しかし、1対1のコミュニケーションにおいて、気まずいと感じるのは、あなただけではなく相手も同様です。それゆえ、その気まずさの原因を容易に相手に帰属させることができます。気まずい沈黙が起きた時にあなたが気まずそうにしていれば、相手の脳は「あなたのコミュ力がないんだな」と思いやすいですが、あなたが堂々と目を見つめれば、その沈黙は「自分のせいで起きた」と思ってもらいやすいということです。

また、あなたが作り出した「沈黙」及び「見つめる」行為のせいで、その違和感ある状況を理解したり解決したりするために、相手の脳は無意識に注意力や緊張を高めてしまいがちです。従ってそのタイミングであなたが行う意味深な行動は、相手の心に強く残りやすくなります。つまり、高まった緊張をあなたの行動でほぐしてあげることで、相手の脳内で起こる「緊張→弛緩」という感情の変化の理由を、「あなたのことが好きだからだ」「あなたといると心地良いからだ」のように相手は好意として認識しやすくなります。

だから、至近距離から見つめ、それをポジティブな印象として相手に残せるように、あなたには「見つめて、沈黙した後、何を言うか（どう振る舞うか）」を決めておき、沈黙が起きた時はいつでも実行できるように準備しておくことをオススメします。

❺ 初めは好きな人以外の人に注意を向ける（集団でいる時）

集団でいる時は、初めは気になる相手「以外の人」に注意を向けてください。具体的には**その場の中心となっている人に意識を向けてください。**

その理由を2つのシチュエーションを通して説明します。

①初めから気になる人と話す場合

他の人のことは気にせず、気になる人に積極的に話しかける

↓あなたがその人のことが好きだと、周囲に勘づかれる恐れがある

↓他にもその人のことを好きな人がいた場合、邪魔をされる可能性が出てくる

↓気になる人も、周囲にあなたと親密だと見られたくないと無意識に感じ、それがあ

なたに対するネガティブな感情として帰属する可能性がある。好きな人はあなたと親密な関係だと見られたくないため、周囲の目を気にして避けてくる
↓うまくいかない可能性大

②気になる人ではなく、その場の中心の人と話す場合
その場の中心となる人を見極め、その人とあなたが一緒に盛り上がる
↓「社会的証明」が働き、気になる人から「あなたも中心にいる人と同じくらい魅力的な人なんだ」と認識される
↓それから気になる人に話しかけると、相手も潜在的にあなたと話したいと思っているし、あなたが場の中心である以上、あなたと話していることを周囲に見られてもさほど差し支えないため、気になる人と問題なく話すことができる
↓うまくいく可能性大

実は「魅力」は絶対的なものではなく、相対的なものです。その集団の中で相対的上位であれば、あなたは魅力的に見えます。

人間は自らの遺伝子を後世に残すため、無意識レベルで常にパートナーを探し求めています。しかし、絶対的に納得いくレベルの人しか好きにならないとすると、いつまでたっても子孫を残せず、遺伝子はそこで途絶えることになりかねません。そうならないよう、人間の脳は、魅力を相対評価として測るように適応してきたのだと私は考えています。

いずれにしても、**あなたが集団にいる時に気になる人を惹きつけたいのなら、あなたがそこでの話題の中心になる、もしくはその集団の中心から魅力的だと思われる立ち位置にいることが重要です。**そこで、私がよく行う方法を紹介します。

その場の中心となる人を見極め、話しかけて盛り上がる

↓スマホの写真を見せる流れに話を誘導する（旅行先の話↓写真を見せる、など）

↓みんなが写真を見たがり、スマホを覗き込もうとする

↓気になる人も覗き込もうとしたタイミングで「今、順番に見せてるから」と遮る

↓相手は潜在的に軽く自尊心をくじかれる

↓相対的に話題の中心にいるあなたが魅力的に見える

また、

↓禁止されるとより見たくなる（禁止されることによって潜在意識にその情報が頭に残るので、不確定な情報を埋めたく、なおさら知りたくなる）

↓見たい、知りたい、という「情報」に対する欲求は、あなたに写真を見せてもらわないと満たされない。つまり、その情報を見たい、知りたい、という感情が、潜在的にあなたを求める感情に帰属し、その結果あなたに対する欲求が増す

↓相手の欲求が高まった状態で、最後に見せてあげる

集団でいる時は、本書で説明するコミュニケーション術を気になる人に向ける前に、まずは集団の中心に向けて、集団の中心から好かれる、話題の中心になる、というポジショニングを獲得する方が重要です。あなたがいるところが盛り上がり、周りの人があなたに魅力を感じるように誘導しましょう。それができれば、気になる人は自然とあなたに魅力を感じるようになります。

❻ その場を純粋に楽しむ（集団でいる時）

第2章の「〝惹きつけられる人〟の考え方の基本」（P76）でも紹介しましたが、惹きつけられる人は、集団でいる時、気になる人に意識を向けるのではなく、その場を純粋に楽しむ傾向にあります。これは先にも説明しましたが、他の人がやらないことをやることで逆に自分を目立たせ、「自分は他の人とは違う魅力的な人間だ」と異性に認知させようという手法です。

皆さんはこんな経験がないでしょうか。

・カラオケで好きな歌ではなく、異性から見て印象が良い歌を歌う
・飲み会で普段はやらないのに気を利かせて、料理を取り分ける
・学校の授業でわざわざ手をあげて難しい問題に回答する

このような人たちが多い場であればあるほど、つまり、周囲が異性の気を引こうとしている場でこそ、その場を本気で楽しむことで、そういった〝その他大勢〟とは一

線を引いた存在になることができます。

・カラオケは自分の好きな歌を本気で歌う。もしくは全体を盛り上げる歌を歌う
・飲み会ではご飯とお酒、会話を楽しむ
・授業は真剣に受け、知識がついていく過程を楽しむ。体育の授業なら女子にいいところを見せようとするのではなく、本気でサッカーなり、バスケなりをやれば良い

実際に自分が異性を魅力的だと思う瞬間を思い返してみてください。友達と楽しそうに話している時や、勉強や部活を頑張っている姿、仕事をバリバリこなしているところなど、彼ら、彼女らがナチュラルに振る舞っているふとした瞬間を「いいな」と思うことって多くないでしょうか。逆に、頑張って異性を落とそうとしている人は悪目立ちしてしまい（意外と気づかれている）、残念に見えませんか。

だからこそ、その場を超絶楽しんでみてください。周りが異性を気にしているような場でこそ、徹底してそれ自体を楽しみましょう。

好きな人と会っている時にやるべきこと

ここまでは主に目線について紹介してきました。ここからは一般的にいうところの「恋愛ノウハウ」、つまり、能動的に起こせる具体的な手法を中心に紹介していきます。

通常こういった手法に飛びつく人たちは、使いこなせず恋愛もうまくいかない場合が多いです。しかし、ここまでしっかりベースとなる知見を理解してきたあなたであれば、ここから先の具体的な方法論は強力な武器となるはずです。

❶ 自己紹介は感情的ワードで

多くの人がよくやる自己紹介はこんな感じではないでしょうか。

「健です。27歳です。長野県出身です。商社で働いています。

趣味は筋トレとサッカー観戦です。よろしくお願いします！」

　実は、これはあまり良くない自己紹介です。相手がたまたま同い年、同じ場所の出身、同じ趣味などであれば、相手もそれについて話題を広げるかもしれませんが、そうでなければ発展性が小さいです。

　では、相手に好感を抱いてもらうためにはどうするか。次に例を挙げます。

「健っていいます。
マイブームは居心地が良い雰囲気のカフェを見つけることで、
嬉しくて本とかＰＣを持ってきて一日中居座ったりしてます。
おいしい果物ジュースが好きなので、
メニュー数が多いと選ぶ時間がワクワクして幸せなんですよ〜」

　何の変哲もない普通の自己紹介のように感じたかもしれませんが、これは卑怯なほどに相手の好感度を鷲づかみにできる内容です。なぜなら、この自己紹介は**「あなた**

＝好感」という暗示の擦り込みを可能にするための、感情に関する情報がたくさん入っているからです。

「マイブームは居心地が良い雰囲気のカフェを見つけることで、嬉しくて本とかＰＣを持ってきて一日中居座ったりしてます。おいしい果物ジュースが好きなので、メニュー数が多いと選ぶ時間がワクワクして幸せなんですよ～」

人間の脳は相手の話したことを理解するために、無意識で相手の言ったことを頭で読み込み一度イメージしてみる必要があります。従って、あなたの自己紹介を相手が真剣に聞いていれば、「カフェでメニューを選ぶ」ことをイメージし、その時のワクワクした感情を擬似体験させることができます。そしてそれをイメージするたびに、発言

主のあなたのイメージも無意識に想起されるので、あなたが紹介した感情が、相手の中であなたのイメージに重なって記憶されます。

メリットはそれだけではありません。**感情を紹介するワードを使って相手にイメージさせることで、実は相手もそれに対する返しを思いつきやすくなります。**

第1章の記憶の仕組みでも説明しましたが、例えば、

（私もフルーツフレーバーティーが多いお店に行くと迷っちゃうもんな～）

（パッションフルーツとライチティーがあったら決められないし～）

のように、関連性がある記憶やイメージがあると、それを無意識のうちに想起し、

「確かに種類豊富なお店行くとワクワクしますよね！　私も先日フルーツティーが多いカフェに行って、選ぶの大変でした！」

というような回答を引き出すことができます。

初対面で好印象を与えることは、恋を進展させるうえで大きなアドバンテージとなります。あなたへの好感を抱かせたうえ、会話も弾む。ぜひやってみてください。

❷ 名前orあなただけが使うあだ名で呼ぶ

名前は自分だけを表すものであり、多くの人は小さい頃から親しい人のみに呼ばれ続けている自分の名前に愛着があります。自分のことを名前で呼ぶのは、親や恋人、仲の良い友達などだけですよね。だから、名前で呼ばれることで、相手の脳の潜在意識は「自分のことを名前で呼ぶということはこの人とは親密なはずだ」と好意や親近感に帰属させてくれる可能性が大きいです。従って、好かれたい相手のことはなるべく早い段階で、名字ではなく名前で呼ぶようにしてみましょう。

また、あだ名で呼ぶのも非常に良いです。特に自分しか使わない独自のあだ名を作ると、それは相手にとって唯一無二の呼び名として、相手の印象に残りやすくなります。自分と相手のみが使っている言葉があるという事実は、相手の潜在意識に「特別な人」という認識をしてもらいやすくなります。

ちなみに私の友人で、女性に可愛い動物に寄せたあだ名をつける男性がいます。例えば「ハムスター先生」とかですね。センスがあるかは置いておいて、これ、結構うまいと思っています。なぜなら、このようなあだ名をつけることで、冗談っぽく頭を撫でるなど、相手を動物に見立ててスキンシップを取りやすくなるんですよね。

あなたが女性でもこれは同じです。例えば背筋が発達している男性がいれば、「背筋くん」とあだ名をつけて、時々その名前で呼んでみる。これにより、流れで相手の背筋を触るなどボディタッチもしやすくなるので、好意に帰属しやすくなります。

なお、つけたあだ名で常に呼び続ける必要はなく、普段は下の名前で呼び、たまにふざけてあだ名で呼ぶという使い分けも良いと思うので、ぜひあなただけのあだ名を気になる人につけてみてください。

❸ 相手を特別扱いする

一般的に、人は自分を平均より上だと思いがちです。

「あなたは自分が知的能力や知識の面で平均以上だと思いますか？」。実はこの質問に謙遜なしで答えてもらうと、およそ95％の人がYESと答えます。人間は、全ての

物事をあたかも自分が主人公のように自分の目線で見てしまうので、無意識のうちに

自分を特別に感じてしまいがちなんですね。

このような心理があるので、相手を特別扱いすることで「この人は自分のことをよくわかってくれている」と無意識レベルで親近感を感じてもらうことができます。この特別扱いは**ちょっとしたフレーズをいつもの会話に入れ込むだけでできます。**

「翔太だから話すね」

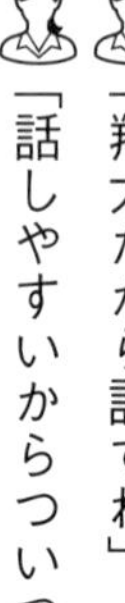「話しやすいからついつい話しちゃった笑」

「智久さんほどエクセル速い人見たことないです」

「美咲ちゃんとはなんか初めて会った感じしないわ」

「もしかして千尋ちゃんなら知ってるかと思ってさ」

「いや、さすが沙紀ちゃん。他の人だとそれできないよ笑」

普通に生きていると、特別扱いをされることはそんなに多くありません。従って**特別扱いをされたことも潜在的に印象に残りやすい**ので、好きな人のことは特別扱いし、細かく親近感や好意を植えつけていきましょう。

❹ 具体的なワードをたくさん使う

会話に具体的なワードを盛り込むメリットは、大きく2つあります。

まず1つ目。単純に会話が盛り上がりやすくなります。

「今日池袋でベトナム産のパッションフルーツジュース飲んだんだけど、めちゃうまかった！」

と言ったとしましょう。すると、相手の記憶で「池袋」「ベトナム産」「パッションフルーツ」という言葉が活性化され、次のような会話に発展していくと考えられます。

「そうなんだ！ 池袋よく行くの？（私、先月服買いに行ったなあ）」

「そうなんだ！ ベトナム産の果物っておいしいよね！（ベトナムって確か冷凍のライチとかスーパーで見かけるなあ）」

「そうなんだ！ パッションフルーツってまたマイナーなの飲んだね笑（トロピカルフルーツっておいしいんだよね）」

このように、**相手はあなたの発した言葉と繋がる経験を脳内で思い浮かべるので、会話が盛り上がりやすくなります。**

もう1つのメリットは、**相手の記憶に自分のイメージを強く植えつけ、自分のことを想起してもらいやすくなる**ことです。「池袋」「ベトナム産」「パッションフルーツ」というワードを普段あまり使わない人であればなおさら、その言葉から他に想起するものがないので、これらのワードを聞いた時にあなたを思い浮かべる可能性が高まります。もちろん、会話の内容がポジティブなものなら、ポジティブなイメージがあなたの印象に重なりますし、あなたに対する好意が増す可能性も大きくなります。

ちなみに私が実際に使っている具体的なワードで使いやすいのは**「つい食べたくなる物」「つい行きたくなる場所」**です。

「なんか無性にチロルチョコ食べたい、カルディに売ってるかな？」

「タイのカオサンロード行って路上でパッタイ食べたすぎてやばい笑」

自分にとって都合の良いワードとしてどんなものがあるか、一度洗い出してみると、実際の会話の時に出てきやすくなりますよ。

❺ 目的に合ったトークテーマを正しく選択する

会話をするうえで、テーマ選びは非常に重要です。トークテーマによって、目的が達成できるかどうか変わるからです。ここでは目的を「仲良くなりたい」「好きになってもらいたい」として話を進めます。

あなたはこんな会話をしたことがないでしょうか。

「仕事何してるの？」
「看護師です」
「看護師かー。大変そうだね…」

「昨日のサッカーの試合が面白くて…」
「ふーん。そうなんだ」

これらはいずれもトークテーマ選びが悪い例で

■ 仲良くなりたい場合→深掘りしやすい一般的な話題

・最近のマイブーム
・普段休みの日は何をしているか
・一番思い出に残っている旅行
・家族の話　など

■ 恋愛感情を抱かれたい場合→恋愛に関する話題

・過去の恋人について
・好きな異性のタイプ
・何歳までに結婚したいか
・見た恋愛映画の感想　など

す。なぜなら、この話を聞いても、あなたに対して「この人と自分は仲が良い」「この人を好きだ」という感情が生まれないためです。思いついたことをそのまま話す＝「雑談」をしている限り、その話題が相手に刺さる確率は非常に低く、好きな人に好きになってもらえる確率はいつまでも上がりません。

ではどうすればいいのでしょうか。

目的が「仲良くなりたい」であれば、仲の良い人としか話さないであろう話題を深掘りするのがオススメです。そういった話題で盛り上がることで、「ここまで深く話をしているのだから、この人とは仲が良いはずだ」と誤帰属させることができます。

目的が「自分に恋愛感情を持ってほしい」であれば、恋愛関係にある人にしか話さない話を深掘りしましょう。それで「恋愛関係にある人としか話さないであろう話題でこんなに盛り上がっているのだから、この人は恋愛対象なはずだ」と相手の脳を誤帰属させてください。

「思い出に残っている旅行」「家族の話」のような一般的な話題であれば、誰と話してもおかしくないですよね。しかし、これらの話題は深掘りすることで「かなり仲の良い人にしか話さない話」に発展させることができます。どこに旅行に行ったかはいろんな人に話すことがあっても、いかにその旅行が楽しかったかを事細かに話す相手はそう多くないでしょうし、「小さい頃のお母さんとのエピソード」のような「家族の話」に至っては、**昔からの友達や恋人くらいにしか話さない話題のはずです。**従ってこれらの話をすることで、**相手の脳内であなたが「仲の良い友達」または「恋人」のような感情に帰属しやすくなります。**

同様に「過去の恋人について」「何歳までに結婚したいか」のような恋愛の話をす

ると、もっと直接的に恋愛感情が生まれやすいです。事実、仲の良い異性の友達であってもこれらの話題をすることはほとんどなく、こういう話題をする相手は恋人もしくは恋人候補、及び同性の友達くらいですよね。それゆえ、あなたが相手の恋愛対象の性別である以上、これらの話題をすることで「結婚の話をしているってことは、私はこの人のことが好きなはずなんだ」のように、相手の脳に誤帰属を生じさせ、あなたを好きにさせることができます。

とはいえ「こういう話題は切り出しにくい…」という人もいると思いますので、このような話題を上手に展開するコツを2つ紹介します。

1つ目は「間違った決めつけ」です。

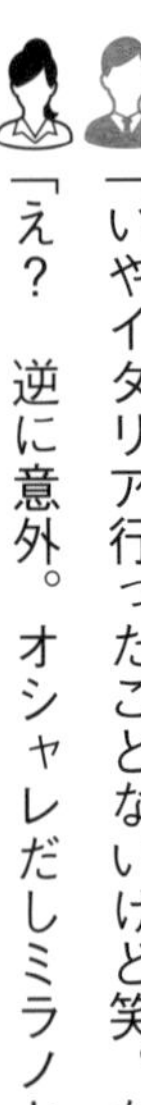

「私は一番楽しかった旅行先は台湾かなあ。大輝くんはイタリアでしょ？」

「いやイタリア行ったことないけど笑。なんで？」

「え？　逆に意外。オシャレだしミラノとかで服買い漁ってるイメージ笑」

「どんなセレブだよ笑　俺が行って楽しかったのはウラジオストクかな」

人間の脳は正しく記憶を保つために、間違った情報に気がつくと、そこに意識が向いてしまう性質があります。例えば皆さんも、

「あずさ絶対年下男子好きでしょ笑」

と聞かれ、もし自分が年下好きではなかったら、

「そんなことない笑。てかなんでそう思った？笑」

などとつい否定したり、訂正してしまいますよね？

実は、**質問者側からすれば、否定されたり訂正されるということは、その話題について情報を得ているということでもあります。**従ってそこで取った情報を基に、さらに話題を展開できるということでもあります。これを利用すると話しづらいトピックでもどんどん深掘りしていきやすいです。

話題を展開しやすくする2つ目のコツは**「いきなり突っ込んだ会話をする」**です。

「里奈久しぶり！　付き合ってくれない？」

「は？　何言ってんの？笑」

「いや、可愛くなったなーって思って。で、どうする？　付き合う？笑」

「ぶっ壊れてるね笑　ところで…」

このような会話が会った瞬間に行われたらどうでしょう。この切り出しはかなり恥ずかしいかもしれませんが、以降「そういえば里奈ってどういう人がタイプなんだっけ？」のような突っ込んだ話をしやすくなります。既に相手の潜在意識に「あなたは恥ずかしがらずに突っ込んだ話をしてくる人」という前提ができているからです。

「深掘りした話」や「恋愛に関する話」を切り出しにくいと感じているのであれば、それはあなた自身が今までそういう話をしてこなかったからです。だから、**初対面や久しぶりに会った時など、イメージを壊しやすいタイミングでは、まずいきなり突っ込んだ話をして、その後の会話の間口を広げておくことが良いでしょう。**

この切り出しは恥ずかしすぎてどうしてもできないという人は、その後どうフォローアップするかを考えておけば、意外と緊張しなくなりますよ。

「里奈久しぶり！　付き合ってくれない？」

「は？　何言ってんの？笑」

「コーヒー飲みたくて。この前できた駅前のカフェ行こうよ？」

「え？　あ、うん、いいよ笑」


「里奈久しぶり！　付き合ってくれない？」

「は？　何言ってんの？笑」

「昨日里奈と付き合ったら宝くじ当たる夢見たんだよね。とりあえず宝くじ買いに行こうぜ」

「何それ笑」


例えばこのようなパターンなどがありそうですね（後者は私が実際に使っていました）。不安で緊張するのは大抵準備不足だからなので、あなたが使いやすいフレーズを1つでも2つでも準備しておき、必要であれば家で音読して練習しておきましょう。

❻ 相手に心からの関心を示す

私が知っている人の中で一番の人たらしが言っていたコミュニケーションのコツに、「相手の好きなものに心からの関心を示したうえで、実際にやって、好きになってみる。それだけでどんな相手からでも爆発的に好かれる」というのがあります。

一般的に、人は関心を示されると嬉しくなります。あなたが好きな漫画を教えたら相手が読んでくれた、あなたが「ダーツにはまっている」と言ったら「やってみたいから今度教えてよ」と言われた、などのような経験はありませんか？　自分が関心を持っていることに関して他の人から関心を示されて嬉しいと思ったことは誰しもあるはずです。これは「好きなもの／ことを考えて嬉しくなる気持ち」があなたの印象に重なるうえ、「自分のことを理解してくれている、理解してくれるくらい親しい」という帰属も起こるためです。

それゆえ、相手の好きなことや好きなものを、もしあなたが知っているのならそれはチャンスです。興味を持って話を聞き、実際に実行し（そこまでやる人は多くないので印象に残りやすいです）、ぜひ好きな人から「好き」を向けられちゃいましょう。

7 2人だけの秘密を作る

「秘密の共有」は、圧倒的に相手と距離を縮められるすばらしい手段です。**相手から秘密を話してもらったり、2人の間で秘密を作ったりすることで「この人は特別な人だから秘密を打ち明けた」と脳が判断するからです。**しかもそれは秘密の内容なので簡単には他人に話せません。人には禁止されるほどその行為をしたくなるという傾向がありますが、秘密を話したくなるたびにそれを共有しているあなたのことも考えてしまうので、親密な関係に発展しやすいです。

これを利用し、あなたから好きな人に秘密を話すのに加えて、可能であれば相手にも秘密を打ち明けてもらいましょう。**相手に秘密を話させるコツは、先にあなたの秘密を共有することです。**「あなたの秘密を知っているということは、自分の秘密を教えるくらい仲が良いはずだ」「秘密を教えてくれたんだから、自分の秘密も教えないと」といった心理が働きやすいからです。さらに、その秘密の内容が「何歳までに結婚したいか」「お風呂に入った時にまずどこから洗うか」などの恋人同士でしかしなそうな話題であれば、恋愛感情に帰属する確率が高くなります。他にも「異性のタイプ」「最近、異性からアプローチされた話」「昔の恋人とのエピソード」なども良いと思います。

その中でも、**秘密のネタとして最も適しているのは「進展のある話」**です。この場合、一つの秘密に関連した話も全て秘密となるので、秘密の程度は大きくなり、「秘密の共有」の効果を最大限に享受することができます。

「みんなには言わないでほしいんだけど、亮太、愛美を持ち帰ったらしいよ！」

「あの話！　愛美も亮太のこと気になってたんだって」

「亮太、愛美と付き合い始めたらしいよ。これまだ俺らだけの秘密ね！」

（やりすぎると口が軽いと思われるので注意）

また、「2人しかわからない秘密の共通言語を持つ」という手もあります。

「名前呼んだら気づかれそうだから、今後、俺らの間ではPって呼ばね？」

ここで忘れてはならないのが、秘密にはバラされるリスクがあるということです。

ポイントは「2人だけの秘密の話をしている」と相手の脳に潜在的に認識させること

なので、どうでもいい話を秘密っぽく話しても同じ効果を得られます。

「うわ、ベルト忘れちゃった笑。恥ずかしいから他の人には言わないでね笑」

ただし、毎回同じフレーズばかり使っていると「おまえ、毎回『秘密』『秘密』言ってんな」と顕在意識で違和感を覚えられてしまう可能性があります。それを回避するためには、**できるだけ毎回違うフレーズを使うようにすると良いです。**

「これ、絶対言わないでほしいんだけど」

「遥ちゃんだから話すね」

「あんまり他の人には知られたくないんだけど」

相手に「なんでもかんでも『秘密』って言う」と顕在意識で気づかれると、「あなたの秘密は秘密ではない」という認識が作られてしまう可能性があります。そのため、切り出し方と使う頻度には細心の注意を払って使うようにしてみてください。

❽ 褒める時は印象に残す

人を褒める際にもコツがあります。

多くの人は誰が見ても褒めるポイントだとわかるところ、つまり、他の人も同様に褒めているであろうところを褒めがちです。イケメンや美人を褒める時に「かっこいい」「可愛い」「スタイルがいい」などと、見た目を褒めていませんか？　それではあなたのことは相手の印象には残りません。第2章でも触れましたが、好きな人に好かれたいのなら、相手が褒められたことのないポイントを褒めることによって、その褒め言葉を際立たせ、印象に残す必要があります。

いつも褒められている部分を褒められても、脳は「よく聞く言葉」だと潜在的に判断をするので、相手の印象に深く残りません。一方で褒められ慣れていない部分を褒められると、相手の脳はその言葉に慣れていないので、一度その言葉の意味を自分の中に取り込んで理解しようとすることで、印象にしっかり残ります。

また、その褒めポイントが、相手が自身しか知らないと信じ込んでいるポイントだった場合、「この人は私のことをよく知ってくれている」と感じ、強い親近感を覚えます。逆に相手が思ってもいないポイントを褒めたとしても、「本当にそうなのかな？」「私にはそういう魅力もあるのかな？」などと考えさせることができるので、あなたの褒め言葉を相手の脳内で反芻（はんすう）させられるという意味で大きな利点があります。

相手の脳に残りやすい褒め方とは、次のようなものです。

・相手の特徴の逆を褒める

「実はめっちゃ頭良いでしょ？　話してて頭の回転が速い笑」
（頭が良くないと自称する人に。同じことを言う人が他にいないので差別化できる）

・相手が一般的に思われている性格の逆を褒める

「クールに見えるけど、意外と人を喜ばせるの好きだよね。ちょくちょく褒めてくれるし」
（人間はどんな性格でも部分的には当てはまるので、相手の性格の逆を褒めることで、みんなが気づかないような部分まで気づいていると認識させられる）

・褒めポイントを詳しく説明しつつ褒める

「大雅くんって、自分から気遣って困っている人に話しかけにいったりするよね。そういうところが魅力だと思う」

（事細かに説明することで、他の人と被らなくなる）

・特別感を出す褒め方をする

「蓮くんって不思議な魅力があるよね」

（何を褒めているのかわざと伝えないことで、何を褒められているのか気にさせて、相手の脳内で反芻させる）

・異性が気づかないポイントを褒める

「そのネイルめっちゃ可愛いね！」

（男性のみの関心事項、女性のみの関心事項は、異性が興味を持つことが少ないので、異性から褒められ慣れていないことが多い）

また、相手が褒められ慣れているポイントでも、褒め方次第で相手の印象に残すことができます。例えば、

「きっと大事に育てられたでしょ」

のように、間接的に褒める方法です。

これは「教養があるよね」「品があるよね」「愛情深いよね」のような褒め方の言い換えですが、一見褒められていることに気づきにくいですよね。そのため、気づかれずに相手の潜在意識に褒め言葉を刷り込んでいくことができます。

なお、人を褒めることに慣れていないうちは、相手自身のことより身につけているものをピックアップする方がミスは少なくなります。外見や性格はコンプレックスを持っていることも多く、良かれと思って褒めたことが逆効果になることもあるからです。それに対して、身につけているものは大抵お気に入りのものか、ある程度思い入れがある（もしくはあった）ものでしょうし、失敗になるケースが非常に少ないです。

「それ、どうしたの？　おしゃれだね」

「ありがとう！　この前TED BAKERで見つけて一目惚れしたんだよね」

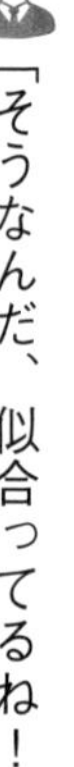

「そうなんだ、似合ってるね！」

もし、人を褒めることは恥ずかしい…というのなら、次のように**相手を持ち上げるような内容を織り交ぜると、自然に褒めることができます。**

「麻衣ちゃんってコンディショナー何使ってるの？」

「ジョーマローンのだよ！　なんで？」

「ちょっと気になって。いい匂いだから同じの使いたいなって」

さらに、褒めているわけではなくても、好きな人の潜在意識に好印象を残せるこんなフレーズもあります。

「かっこいいって言われるのと、頭いいって言われるの、どっちが嬉しい？」

このフレーズは「あなたはかっこ良くて頭も良い」という前提があるから成り立つため、この質問をしている時点で相手に潜在的に褒め言葉を向けているのと同じ状況になります。

なお、本書で紹介した他のテクニックと組み合わせると、相手の脳がより強くあなたに好意を感じやすい状況を作ったり、取らせたい行動に誘導することもできます。

・褒めた理由を教えない（不確実性）

「光宙（ピカチュウ）くんってさすがだよね」

「何が？」

「無意識なんだ？　じゃあ秘密にしておこっかな」

（何が「さすが」なのか気になる）

・理由づけして褒めて都合良く誘導する

「美穂ちゃんって俺のこともよくわかってくれるし、本当に気遣いできる人だよね」

（勝手に決めつけた内容を理由として刷り込む。この例だと相手の潜在意識に「○○くんと私は親密」という刷り込みが入る）

「いつもきれいにして返してくれてさすがだよね〜。私そういうところまで気が回らない時あるから気をつけないと」

（借りた物をきれいに返す、返却の期限を守る、などに気をつけるようになる）

・褒める直前に相手の注意を自分の言葉に向ける

「あのさ」

「ん？」

「笑った時の目尻がクシャってする感じ、可愛い。もっかいやって笑」

（相手は「何を言われるんだろう」と、無意識のうちにあなたの言葉を集中して聞こうと身構えてしまうので、褒め言葉の効果が大きく上がる）

・その場にいない人を褒める

「潤平マジいいやつなんだよね。困ってる時いつも助けてくれるし、マジ勇者」

（会話の中に出てくる人物のイメージ（＝褒めている好印象な部分）が話者の印象に重なる。ここでは話者に「困ってる時いつも助けてくれるマジいいやつ」というイ

メージが乗る）

大人になるにつれて、他人から褒められることは減っていきます。だからこそ、誰しも褒められることは単純に嬉しいはず。その意味で上手に褒めることができるようになるだけで、あなたは恋愛的にも友情的にも多くの方に好かれるようになるはずです。今日から他人を褒め始め、自分の習慣として身につけていきましょう。

❾ 勝手に決めつけて話を進める

会話が長続きしたり、自分の情報をたくさん話したりすると「この人は自分のことをよく知っている」と相手の潜在意識に思ってもらいやすく、あなたに好意が帰属しやすいです。この項目では、それを可能にする「決めつけトーク」という手法を紹介していきます。

決めつけトークはＰ１４３のトークテーマ選びのところでも少し触れましたが、「質問」の形式を取らず、勝手に決めつけて会話を進めていく手法です。もちろんコミュ力に自信がある人であれば、「質問」からでも会話を広げられるので問題ありませんが、コミュ力に自信がない人や会話が苦手な人の場合、「質問をしても会話を広げられない」「相手に質問攻めをされているように感じさせてしまいやすい」というリスクがあるので、決めつけトークをすることでそれを回避できます。

「学生の時、何部だったの？」

「ソフトテニス部です」

「そうなんだ。スポーツは得意な方？」

「そうですね、わりと」

「そうなんだ、今もスポーツは何か続けてたりするの？」

こちらは質問をベースにしている会話例です。

コミュ力がない人ほど自分が聞きたい質問を思いつきで投げがちですが、話が盛り上がらないこと

の方が多いです。

皆さんも仲の良い人といる時に、その人を質問攻めにはしないですよね？　それどころか、このような単発の質問が連続されるのは、どちらかというとネガティブな感情を想起しやすい場面が多いです。

・関係が希薄な相手と話す場合（例：面接）
・相手と対立している場合（例：喧嘩、詰問、尋問）
・ビジネスライクな場合（例：仕事の報告）

こういった背景もあり、単発の質問をされ続けると、ネガティブとまでは言わなくても「面倒くさい」「つまらない」などのように、ややうんざりした感情を相手の脳に感じさせてしまう可能性が高いです。だから、質問をベースとせず、勝手な決めつけをベースとして会話を進めてみましょう。

「学生の時、莉奈ちゃん英語部だったでしょ？」

「違います、ソフトテニスです」

「そうなんだ？　運動得意なイメージ全くないけど笑」

「ひどい笑　これでも高校の時地区大会優勝してるんですよ」

「やば！　あれか、ご両親がオリンピック出場してる家系だ」

「そんなわけないでしょ笑」

「てか今もソフトテニ続けてるでしょ？　今度やろうよ」

「いや、もうやってないですよ」

「そうなの？　日焼けしてるから現役かと笑」

「ひどくない？笑　全然焼けてなくないですか？」

「うん。めっちゃ美白」

「もー！笑」

　このように、勝手に決めつけて会話を進めることで、会話のテンポや盛り上がり方が大きく変わります。なぜなら**脳は間違った情報を提示されると、正しい回答を否（いや）が応にも思い浮かべてしまうので、訂正や反論をしたくなる**からです。

先程の例も、次のような意図があって発言しています。

「学生の時、莉奈ちゃん英語部だったでしょ？」
（運動が得意そうなので、文化部だと決めつけた）

「てか今もソフテニ続けてるでしょ？　今度やろうよ」
（ソフトテニスを続けている可能性は低いので、続けている前提で話を進めた）

「そうなの？　日焼けしてるから現役かと笑」
（特別肌が黒いわけではないので、日焼けしてると決めつけた）

「うん。めっちゃ美白」
（特別肌が白いわけではないので、美白と決めつけた）

決めつけられたことが間違っているので、相手は訂正や反論をするために進んで会話に付き合ってくれましたし、「ソフトテニス部」「高校の時地区大会優勝した」のような情報も進んで提供してくれました。

ちなみに、決めつけた内容が当たると、潜在的に「自分のことをわかってくれている」と感じさせられたり、当たったことへの驚きで会話が盛り上がったりします。

「直美ちゃんって好きな事を見つけたらすごいドハマりするタイプだよね」

「あー確かにそうかも」

そして間違っていても当たっていても、相手は「なぜそう思ったか」という決めつけられた理由を知りたくなるので、会話は途切れにくくなります。仮に理由を聞かれなくても、脳の仕組み上、相手は「あなたがなぜそう思ったか」という理由を潜在的に気にしてしまうので、自ら勝手に理由を説明し、会話は膨らんでいきます。

なおあなたが「なぜそう決めつけたか」を説明する際、「褒める」または「ディスる」展開にすると、話自体が無限に広がりやすいです。

・決めつけて褒める場合

前項でも話しましたが、褒めることは意外と難しいです。下手に褒めると好意が相手にバレやすく、距離を置かれる原因にもなりかねません。ですが、**決めつけトークであれば、「理由を説明するために褒める必要があった」という雰囲気を出しながら、自然に褒めることができます。**

「絶対野菜好きでしょ笑」

「うん、なんで？」

「肌きれいだから、美意識高いのかなーって！」

「まあ確かに体鍛えてるし、気は使ってるけどね」

相手にしてみたら、話も面白いうえにしれっと褒めてもらえるので、あなたと会話する時間を心地よく感じてくれます。

・決めつけてディスる場合

これはお笑い芸人さんがやっているのをよく見かけると思います。いきなりディスるとただの悪口になってしまいますが、決めつけによって流れを作ってからディスることで、ディスりが冗談に聞こえます。

「絶対お兄ちゃんかお姉ちゃんいるでしょ」

「え、なんでわかるんですか？　お姉ちゃんがいます」

「わがままそうだし、末っ子かなって笑」

「ひどい笑」

なお、ディスるという行為は仲が良くなければ通常できません。初対面や親密になっていない関係では、普通は難しいです。従ってあなたが上手に相手をディスることで、相手の脳は「ディスられているけど楽しいということは、この人とは親しい関係なはずだ」と誤帰属し、一気に相手の潜在意識に親近感を抱かせることができます。

時々「ディスるのは失礼だからやりたくない」と言う人もいるのですが、上手にディスることによって結果的に相手が親近感を抱いてくれるのであれば、それはやった方が良いということでもあります。「ディスりは良くない」と決めつける方もいますが、その結果相手に気を使いすぎて同調ばかりしてしまい、「モテない人」や「つまらない人」になっているという見方もできます。ちょっとハードルが高い技術かもしれませんが、ぜひ試してみてほしいです。

ただし、**「相手が変えられない身体的特徴」だけはいじらないでください。**薄毛、低身長、顔の美醜などは、人によっては深刻に気にしています。あなたは軽い気持ちでも相手は想像以上に傷つく可能性があるので、ディスりの対象からは外しましょう。

誤解のないように書いておきますが、私は「質問は一切せず全て決めつけろ」と言いたいわけではありません。質問自体は重要な会話手法です。また、決めつけが続いて「この人はずっと決めつけてくるな」と相手が顕在意識で気づいてしまえば、それもまた相手をうんざりさせる原因になることもあります。

要は、バランスが大事です。**おそらく会話が苦手な多くの方が、会話を質問一辺倒に進めてしまう傾向にあるので、「決めつけトーク」を会話のベースに取り入れてみ**

ようと伝えたかっただけです。実際に友人などと話す時に用いて練習してみるとバランス感がわかってくると思うので、異性との会話の前に、家族や同性の友達に対して用いて練習してみると良いと思います。

⑩ 質問はランキング化で

前項では「質問をせずに決めつけトークを使おう」という話をしましたが、ここでは「どうすれば相手に好かれる質問ができるか?」という話をしていきます。

結論から言うと、「一番」を聞いたり、ランキング形式で答えてもらう形式の質問がオススメです。例えば、

「美咲ちゃんの好きな食べ物トップ3は?」

「ショートケーキ、パスタ、ラーメンかな」

に続けて、

「あ、俺もラーメン好きだわ！　一番好きなラーメン屋はどこ?」

のように話を深掘りしたり、

「意外だね。野菜ばっか食べてるイメージあるけど笑」
のように決めつけたり、

「全部糖質じゃん笑」
のようにいじったり、会話が展開しやすくなります。

これは**相手の脳の負荷にかかるストレスを少し減らすことで、相手の回答を引き出しやすくするテクニック**です。あなたも「好きな食べ物は?」と聞かれるより、「一番好きな食べ物は?」「好きな食べ物TOP3は?」のように答えを限定して聞かれると、回答が思いつきやすくなりますよね。

また、一番を聞いたり、順位付けをすることで、「なぜその順位なのか」「他の順位には何があるのか」のように話も広げやすくなりますし、「好きな○○を3つ挙げてみて」のように答えてもらう個数を増やすことで、自分が興味のある物事や詳しい分野が出てくる可能性が上がります。

もちろん、自分が質問されて答える際も「ランキング化」をしておくことで、相手は会話を続けやすくなります。

「海斗くんは海外ならどこがオススメ？」

「ベトナム、イタリア、グルジアかな」

「あ、私ベトナム行ったことある！　モクチャウの山岳地帯がいいよね」

また、併せてクイズ化もすると、さらに好意が帰属しやすくなります。

「海斗くんは海外ならどこがオススメ？」

「うーん、俺的には3位はグルジア、2位はイタリア、1位は…当てたらここのお会計俺が払ってあげる笑　チャンスは3回ね」

「何それ笑　何かヒントちょうだい！」

「東南アジアの国だよ」

「えっと…（3回全部外す）」

「残念～。じゃあここは彩乃ちゃんのおごりね笑」

「えー笑　ちなみに正解はなんだった？」

「秘密～。クイズ力不足やね笑」

「なんでー？　教えてよ笑」

クイズ化して答えを教えないことで、相手の潜在意識に「なんとなく答えが気になる」という状態を作り出すことは、潜在的にあなたのことを考えさせる時間を作ることに繋がります。

これらは一例ですが、この「ランキング化」は本書で紹介してきたさまざまな方法・効果と親和性が高いので、他の方法と併せて使ってみてください。

他の人がやらないパターンの会話を思いついたら、積極的に取り入れていきましょう。**他の人と違うことをやり、相手の印象に残れば残るほど、そこに感情が帰属する可能性は高くなります。**

⑪ 無視する

まずは次の例を見てください。相手から何らかのアクションがあった時に、偶然を装って無視してみます。

「あ、聡太くんおはよー」

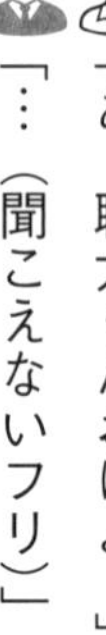
「…（聞こえないフリ）」

（後で会った時）

「ごめん沙羅ちゃん、ボールペン持ってたらちょっと貸して？」

「…あ、うん、はい（ボールペンを差し出す）」

「…ん？　何かあった？（様子が変なのに気づいたていで）」

「あー、今朝声かけたけど返事なかったから（…気づいてなかったのかな？）」

「え？　そうだったの？　ごめんごめん、気づいてなかったかも」

「そうだったんだ笑（安心）、考え事でもしてた？」

このような手法で一旦「無視」をした上で、後ほど無視した理由を伝えて相手を安心させることで、相手の脳内で好意があなたに帰属しやすいです。

その理由は大きく3つあります。

○相手があなたのことを潜在的に気にしてしまうから

無視をされると「俺何かしたかな？」「私嫌われたかな？」のように、理由を気にしてしまいますよね。その過程であなたのことを何度も考えてしまった結果、「あなたのことをこんなに考えているのは好きだからだ」という帰属が生まれやすいです。

なお、無視をした理由を伝えず、相手を安心させないままにしておいたり、あまりに相手が気分を害すような無視の仕方をした場合は、「あなたのことをこんなに考えているのはあなたが嫌いだからだ」とマイナス感情に帰属する可能性があるので、無視をする程度には注意が必要です（後述）。

○感情がマイナスからプラスに振れるから

〝惹きつけられる人〟のコミュニケーションの基本「❺緊張と弛緩」（P104）で

も説明した通り、感情がマイナスからプラスに振れると、その時の感情の振れ幅があなたに対する好意として帰属する場合があります。無視をした場合、「なんで無視されたんだろう…」とあなたのことを考えつつ、落ち込み、悩む気持ちが生まれるので、これが解消されることで、その時の感情の振れ幅があなたに対する好意となって相手の脳内で帰属しやすいです。

○他の人がやらないから

相手自身の自己認識における立ち位置が高い場合、おそらく「無視される」「ぞんざいに扱われる」ような経験は多くありません。そのため、彼ら、彼女らにとっては「無視される」という出来事は非常に印象強いものとなり、相手の印象に残りやすいです。これは、イケメンや美人に対して大きな効果を発揮することが多いです。逆に自尊心が低い人相手にやるのはあまりオススメしません。ぞんざいに扱われることに慣れている人に対しては、褒めた方が印象に残りやすいです。

では、ここからは無視の仕方を説明します。ポイントは大きく分けて2つです。

○意図せず無視したフリをすること

相手が「私のことが嫌いだから無視をしたんだ」「嫌われているんだ」と確信してしまった場合、わからないことがなくなってしまうので、相手はあなたのことを考える頻度が比較的少なくなります。それよりも「たまたま相手の存在に気づいていなかった」を装って無視をするのがオススメです。それにより、

- ・無視されたのか、単に気づかなかったのかわからない
- ・無視されていた場合、なぜ無視されたのかわからない
- ・無視されていた場合、自分のことを嫌いなのかどうかがわからない

と考える余地を複数相手の中に残せるので、よりあなたのことを考えさせることができます。

○無視した理由を説明して相手が安心する機会を設けること

無視した後に何もしなかった場合、相手はあなたのことが嫌いになって終わります。「私のことが嫌いだから無視をしたんだ」という確信が、あなたに対するマイナス感情として帰属する可能性が生まれるからです。ここで重要なのは、「無視した後は相

手を安心させる」ことです。無視は相手が傷つく行為であることには変わりないので、「意図的ではなかった」ということを相手に理解してもらう必要があります。「意図的ではなかった」と知るまで、相手は「嫌われたんじゃないか」「私、何かしたっけ…？」などと不安を抱きますが、勘違いだとわかればそれで安心します。その時の感情の振れ幅が相手の脳内であなたに対する好意に誤帰属します。

無視の具体的なやり方は次の通りです。

・相手に声をかけられた時に聞こえていないフリをする
・相手とすれ違う時に相手の存在に気づいていないフリをする
・LINEやDMを既読スルー・未読スルーする
・LINEやDMの返信を遅らせる
・いつもは反応している相手のSNSの投稿に反応しない

ところで、無視はいつでも誰にでもやっていいわけではありません。無視を実行するための判断基準があり、それは大きく分けて2つです。

○不可抗力で無視することになっただけ、と後ほど説明可能かどうか

不可抗力だと後で説明できないような状況では無視はしないでください。例えば声をかけられて気づかなかったフリをする場合は、「ごめん、気づかなかった」と後で言える状況（目が合っていない、周囲がうるさいなど）であれば無視してOKです。明確に目が合っていたのなら気づかないわけはないので、ここで無視すると後でフォローアップできなくなり、仲は悪化してしまいます（「ごめんちょっと別のことに集中してて…」などと言い訳できなくもないですが、やや苦しいですよね）。

○相手が自分にマイナス感情を持っていないかどうか

相手があなたにマイナスな感情を持っている場合には、この手法は使えません。相手があなたに悪い感情を持っている場合、あなたのことを考えれば考えるほど「あなたのことをこんなに考えているのは、あなたのことが嫌いだから」という認識に帰結してしまう可能性が大きいです。

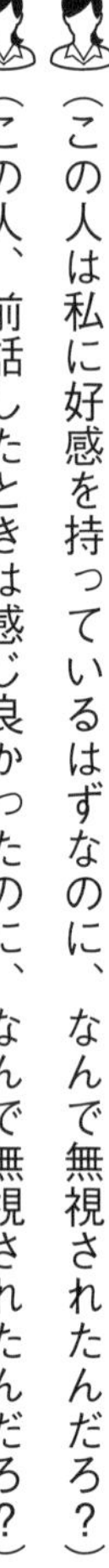

（この人は私に好感を持っているはずなのに、なんで無視されたんだろ？）

（この人、前話したときは感じ良かったのに、なんで無視されたんだろ？）

あくまで、このように思わせることが狙いです。

従って、**特別仲の良い必要はありませんが、最低限の好意は持たれている相手に行う必要があります。**ここでいう好意とは恋愛感情である必要はなく、友達や知り合いというレベルで全くかまいません。例えば、1度会っただけでも多少は親しげに話したことがあり、「普通に良い人だな」程度の感情を持たれているレベルでOKですし、他にも「既に友達として仲良く会話する仲」「デートする仲」でも大丈夫です。要は、**あなたに無視された理由を相手が見つけられない状態で行えば大丈夫です。**

次に「無視」をする回数についてですが、これは明確に説明するのが難しく、相手との関係や相手の性格、反応などを見ながら決めるべきとしか言いようがありません。

ただし基本的には、**何度も無視すれば、嫌なやつだと思われる可能性は高くなるので、ここぞという時にビシッと1回だけ無視する、**くらいで考えると良いと思います。

1回の無視でも、その後1～2日放置すれば、相手が「なぜ無視をされたのか」「嫌われたのかもしれない」などと考える時間はしっかりと確保できます。この放置する期間も、相手の性格や生活スタイルで変わります。例えばＬＩＮＥの返事が来ないと即スタ連するような人は、半日無視するだけでも十分あなたのことを考えて思い詰めますし、既読スルーされても全く気にしないような人は、短時間の無視では気にしない可能性が高いので、相手に確実に勘づいてもらえるよう、あからさまに強めの無視をするとか、１週間くらいしっかり無視する必要があります。

いずれにしても、「無視」はある程度好意を持ってもらっている相手に行う技術なので、あなたも無視したい相手の性格や感性をわかっていると思います。その情報を基に、**相手に最もふさわしい回数&期間を検討してみる**のが良いでしょう。

ここまで読んで「無視は相手を傷つけるからしたくないな」と思った人もいるかもしれません。**多くの方は「褒める」は良いことで、「無視」は悪いことだと思いがちですが、私はそうは思いません。**例えば、毎日褒められると相手はその行為に慣れてしまい、感情の振れ幅が小さくなるので、次第に感じる喜びも薄くなります。人によっては、次第に褒められるのが鬱陶しく感じてしまうこともあります。一方で、ここまで話してきた通り、無視した結果、相手があなたに好意を抱くことだってあります。

結局はケースバイケースであり、行為自体には良し悪しも善悪もないのです。**相手がそれによってどう感じるか、最終的にお互いが気持ち良い関係に繋がっていくかが重要だと私は思っています。**

それにもかかわらず「無視は悪いこと」とどうしても思ってしまうのであれば、「他人を無視する勇気が出ない」という状況を、あなた自身の脳が誤帰属して「他人を傷つけるのは良くない」と変換してしまっている部分もあるかもしれません。

そんな時は友達と一緒に取り組んでみてはいかがでしょうか。この項目を信頼できる友人に読んでもらい、「自分は今の状況で好きな人を無視するべきか?」と聞いてみましょう。おそらく「やってみなよ」という回答が返ってくると思いますが、こうなると「友人に『勇気を出せないやつ』と思われたくない」という心理が働き、あなたは無意識に行動を起こしやすくなります。

本書の他のコミュニケーション手法よりややハードルは高いですが、ぜひ自分が行動しやすい状況を上手に作り、一度試してみてください。

⑫ 絶対に話題の底を見せない

容量の関係から脳は会話全てを覚えることはできません。脳は網の目のように要点を繋いで記憶していきます。では会話の中で記憶に残りやすいのはどこかというと、一番盛り上がった部分と、会話の最後がどう終わったか、です。そのため、次のような話し方をしている人は、多かれ少なかれ「話がつまらない」と思われやすいです。

・盛り上がりそうな話題から順に話す
・盛り上がっている話題を話し続ける
・話題が尽きた時、盛り上がっていた話題を再度出す

あなたも思い当たる節はありませんか？　盛り上がりそうな話題から話すと、後半には盛り上がらない話題が残ってしまいます。盛り上がっている話題を引っ張り続けると、盛り下がってから話題を変える羽目になります。話題が尽きた時に盛り上がっ

ていた話題に戻ると、既に話し尽くしてすり減ってしまっています。こうなると、盛り下がった時の感情やイメージが、今回の会話の印象として相手の潜在意識に残ってしまうので、あなたに対して良い感情が帰属しづらくなります。

そうならないよう、次の3つのポイントを押さえて会話するようにしてください。

①常に複数の話題を用意しておく

ずっと同じ話を続けている人、あなたの周りにもいませんか？　自分の恋バナばかりする人、仕事の愚痴ばかり言う人、自慢ばかりする人…。何度も同じ話を聞かされると、その人と話すことに飽きてくると思います。一つの話題を引っ張りすぎると、一度の会話でも相手にこのような感情を抱かせてしまうリスクがあります。

そのため、**いつでも複数の話題を切り出せるように、話題をいくつか準備してください。**急には思い浮かばないかもしれませんので、自分が話せる話題を紙に書いて洗い出してみましょう。そしてその話を聞いた相手が楽しいと感じるものにするために、鉄板のストーリーを考え、いつでも話せるように何回か音読をしておくと良いです。しっかり準備して、相手に「話していて楽しかった」と感じてもらえれば、その分あ

■ 絶対に盛り上がる＆恋愛の話に移行しやすいトークテーマ

・マイブームの話
・趣味の話
・旅行の話
・ペットの話
・子供の話（親戚の子供や近所の子供でも）
・子供の頃の話
・映画の話
・旅行の話
・占いの話　など

なたに対しての好意も帰属しやすくなります。

さらに、恋愛の話題も織り交ぜると、あなたに恋愛感情が帰属する可能性が上がりますので、自分が話せる話題一覧の中に、あなたが「恋愛の話題」にシフトしやすい話題をいくつか入れておくと良いです。

「最近掃除に異常にハマりすぎちゃってさ、きれい好きな人じゃないと付き合えないわ笑」

「ネロリの香りが好きなんだけど、チュニジアが一番有名な原産地らしくて、農園の写真見たらすごいきれいだったんだ。チュニジアは遠いし少なくとも10日はないといけないから、行けてハネムーンとかかなぁ泣」

②一つの話題を70％までで終え、盛り上がっているうちに他の話題に切り替える

多くの人はその場が楽しければ楽しいほど、その話題を話し続けたくなってしまいますが、話題は長引けば長引くほど擦り切れていき、楽しさは減退していきます。そこで**盛り上がっているうちに話題を切り替えることで、盛り上がった印象をそのままに会話を展開させることができます。**

また、脳は不確実なもの、不完全なものを放置しておくのが苦手なので、盛り上がっているうちに話題を切り上げることで、相手に「もう少し話したかった」「もっと聞きたかった」と感じさせることが可能です。加えて、あなたの話の続きが気になるという意識が、潜在的にあなたに対する好意に帰属しやすくなります。

さらに、盛り上がった話題を切り上げ、他の話題に移行させることには、「この人はモテるはずだ」と相手に潜在的に認識させられるというメリットもあります。なぜなら、「好きな人や気になる人と話が盛り上がったら、喜んでその話を続ける人がほとんどであり、それが当然だ」という認識がほとんどの人にあるからです。つまり、**盛り上がっている段階で自ら話を切り上げることで「この人はこの程度の盛り上がりは当たり前だから話を切り上げた。**ということは、**この人はいつも周りの人から魅力**

的に思われているに違いない」と相手の潜在意識が感じ、あなたに魅力を感じてくれます。

③用意した話題がなくなる前、盛り上がっているうちに場を切り上げる

これも話題を70%までで切り上げるのと全く同じです。仲良くなりたい相手と一緒だと、つい「もっと一緒にいたい」と思ってしまいがちですが、長くいればいるほど、話題がなくなったり、失言をしてしまうリスクも高くなります。また、既にある程度仲が良い相手であればまだ良いですが、仮に初対面の相手だと、この時の会話だけで全ての印象が決まり、次回会ってもらえなくなるといったことにもなりかねません。

そこで、**用意した話題がなくなる前、盛り上がっているうちにその場を去ることで、全てのリスクを防ぐことができます。**ただ、急に帰ると相手も不審に感じてしまうと思うので、先に「今日は1時間しか時間がないんだよね」「今日夜用事があって、あまり長く会えないかもしれないけど」のように前フリをしておくと、スムーズに切り上げやすくなります（併せて「これ以外にもやることが他にある生産的な人」という印象も与えやすくなるので時間を区切るのは非常にオススメです）。

⑬ 感情に注目して聞く

話の聞き方ひとつで相手に抱かれる印象は大きく変わります。どんなに面白い話をしたとしても、聞き方が下手だと「もうこの人と話したくない」と思われてしまいますし、逆に聞き方が上手だと、それだけで相手に好感を与えることができます。

当たり前だと思うかもしれませんが、「話を聞くのが下手な人」は非常に多いですし、また、なかなか直るものではありません。書籍やネットの記事を見ると「話し手に身体を向ける」「話を遮らない」「相づちを打つ」など意識しなければならないことは際限なく存在しますが、そのせいかわかっていても実行できないのかもしれません。

そこで本書では、好かれる聞き方のコツとして意識してほしいことを一つだけ紹介します。それは**相手の感情に関する情報を読み取ることだけに集中する**ことです。

（やたら髪を触ってるし、話に飽きてきているのかな）

（楽しそうに話してるから、この話題好きなんだな）

このように、会話中の相手の行動から、相手の感情を考えてみます。**ここで重要なのは、感情を読み取ること「だけ」に集中するということ**です。それ以外の見知っている「聞き方のコツ」は一旦全て忘れてください。

例えば人前で話す際、「スピーチのコツ15選」のような記事を事前に読んでいても、本番では全部忘れてしまい、暗記した内容を話すだけで精一杯になったりしますよね？　でも暗記した内容をしゃべる、だけだったらきっと多くの方がなんとかやり切れると思います。これと同じで、たくさんのことを意識するより、一つのことを着実に意識した方が結果的にうまくいくことが多いんですね。

実は**感情を読み取ることだけに集中すると、聞き上手になるコツのほとんどが半自動的に実行できます。**試しに友達と話す際に「この人は今どういう感情を抱いているだろう？」と集中して観察してみてください。実際にやってみるとよくわかりますが、感情を読み取ろうとするのはかなりの集中力を消費します。そして、それ以外のことに気を使う余裕など一切なくなっていることに気づくはずです。その一方で、無意識のうちに相手のさまざまなポイントに意識が向くので、意識せずとも上手に話を聞くことができています。

相手の感情を読み取ることに集中していると、「この人、話を聞いてないな」「私の話、面白くないのかな」などと思わせる態度を取ることもなくなりますし、おそらく、

■話し相手の観察すべきポイント

・話の内容
・目線の向き、表情
・身体の向き
・膝の上に物を置いているか
・足の向き
・手でどこを触っているか
・呼吸
・ガムを噛む、タバコを吸う
・早口になる
・じっと考え込む
・どの内容を話している時にこのような変化が起きたか　など

■「話を聞いている」と感じてもらえる態度

・目を見て聞く
・短くうなずく、短く相づちを打つ
・「○○ってことか」のように相手の発言を短く要約する
・「それ大変だったんじゃない？」のように、相手の発言に関して短く質問する
・「それは嬉しいね」など、相手の感情を言葉にする
・意識して間を作り、相手が話し続けやすい空気を作る
・相手の話を最後まで聞く（特に男性）
・相手の話に口出し（反論や評価）をしない
・笑顔で聞く　など

観察するのに精一杯で、あなたの意見を言う余裕すらほとんどなくなっているはずです。それにより、多くの人がやりがちな「いや、それは違うんじゃない？」と反論してしまうことや、「なるほどね〜。ところで私の場合は…」などと、相手の話を途中で遮って自分の話をしてしまうことも防ぐことができます。

話の聞き方を上達させるべき理由は、プライベートなことを話してもらいやすくなるからです。気持ち良く話せる相手には、人は一般的に好感を抱くので、徐々にプライベートなことを話すことに対する抵抗感が薄まっていきます。プライベートな話をする相手は、家族や親友、恋人など、親密な相手のはずなので、話を引き出すほど、相手の潜在意識はあなたのことを親密な相手だと認識するようになります。

そもそも、自分のプライベートな話、人には言っていない話、感情がこもった思い出、自分の深い価値観や考え方、こういった自分の核に迫ることを気持ち良く話せる相手って、それだけで恋人として合格点ですよね？　だから、**話の聞き方が上手になるだけで、実は潜在的に相手の恋人候補の枠に入ることができる**んですよ。

話の聞き方、疎（おろそ）かにしがちなポイントですが、感情に集中することだけを意識すれば簡単に身につけられるので、すぐにでもやってみてほしいです。

⑭ 持ち物を保管させる

「何かを忘れて預からせる」「何かをあげる」「何かを貸す」――自分のことを思い起こさせるものを相手の手元に残すことで、相手はそれを見たり、それを持っているたびに、あなたのことを嫌でも思い浮かべてしまいます。その際、あなたへの感情やイメージも相手の脳内で呼び起こされるので、繰り返すほどあなたへの好意は増していきます。加えて、何度もあなたのことを考えてしまう理由を「あなたのことが好きだから」と誤帰属し、恋愛感情が生まれる可能性もあります。

従って、あなたのことを思い出しやすく、かつ相手が目にしたり、意識する機会が多いものを相手の手元に残すのは非常に効果的です。ペンのような手元に置いてもらいやすいもの、本のように机の上に置かれやすいもの、ハンカチのように「返さなきゃ」と思ってもらいやすいものなどが例として挙げられます。

私も気になった女性に指輪を預けたことがあります。私は親指にいつも指輪をつけていて、それを使ってよく手品を披露しています。チリにいた時、帰国前にその女性に手品を見せ、相手がその手品を覚えたいと言った際にその指輪を預けました。

「これ使って練習しなよ。次に会う時に返してくれればいいよ。そしたら返さなきゃいけないからまた会う理由もできるでしょ?笑」

私が帰国した後、しばらくやりとりはなかったのですが、ある時急に「日本に会いにいく」「好きになってしまった」というメッセージをもらいました。事情があり、告白は断ったのですが、いずれにしても旅行することにしたからご飯は食べようと、彼女は私に会いに来てくれました。

もちろんここまで踏み込まなくても、日常生活の中でできることはたくさんあります。ペンやハンカチなどを貸して、返してもらう前に解散すれば、相手の手元に残せます。また、何かを貸すチャンスがない場合は、相手の家や机の上にあなたのものを忘れてくるのもありだと思います。

「葵ちゃん、ペン忘れてない? 俺のデスクに置いてあったんだけど」

「あーそれ私の! ごめん、次会う時まで持っててもらってもいい?」

このような流れで、しばらく持っていてもらえるうえ、次に会う機会も作れます。ただし、相手がそのものをなくしてしまったり、そのまま疎遠になってしまうリスクも当然あるので、万が一なくなっても良いもので試してみてくださいね。

⓯帰り際を活用する

「⓬絶対に話題の底を見せない」（P183）でも触れましたが、別れ際の印象は相手の潜在意識に強く残りやすいので、気になる人と会っている時ほど別れ際に良い印象を残せるように振る舞う必要があります。そこでこの項目では、別れ際に意識するとあなたに好意を帰属しやすくなる方法をいくつかお伝えします。

①会う時間を短くして、盛り上がっているうちに切り上げる

好きな人と一緒にいる時、多くの人はなるべく長く一緒にいたいと感じます。しかし、実は長く一緒にいすぎない方が、相手に好かれる確率は上がります。

長く一緒にいると、話題がどんどんなくなっていきますよね。盛り上がっていたとしても次第に話すことがなくなり、必死に話題を探した経験のある方も多いと思います。こうなると、話題がなくなりやや飽きてきた印象が相手に残り、途中は盛り上がっていたとしても、相手は潜在的にあなたに好意を抱きづらくなります。

そこで短時間だけ、仮に30分だけ会ったとします。そうすると話が尽きる前、盛り上がっている最中に解散することになり、**楽しかった気分をそのまま相手に持ち帰ってもらうことができます**。さらに、「あなたとまだ話し足りない」と感じさせることもでき、「あなたにまた会いたい」という気持ちに帰属しやすくなります。

また、多くの人は「長く一緒にいることで、自分のいいところを伝えるチャンスが増える」と思うかもしれませんが、裏を返せば、**「長く一緒にいるほど、自分のマイナス面に気づかれる可能性も増える」**ということでもあります。自分によほどの自信があるのでなければ、長く一緒にいることはリスクでしかありません。

盛り上がっているタイミングで切り上げるのは難しい、解散を切り出しづらい、という方もいると思います。その際は、用事を準備し、先に相手に伝えてください。

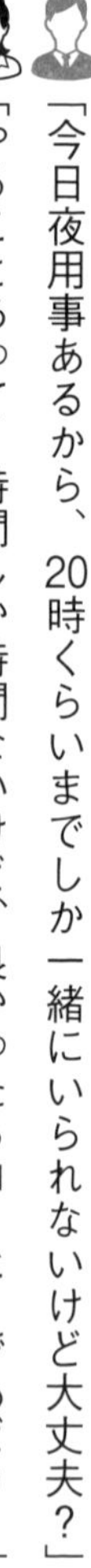

「今日夜用事あるから、20時くらいまでしか一緒にいられないけど大丈夫？」

「やることあって1時間しか時間ないけど、良かったらコーヒーでもどう？」

このように、先に用事があることを伝えておくことで、切り上げたいタイミングでスムーズに切り出して解散することができます。

「そろそろ行かなきゃ。楽しかったから、また誘わせて！」

「ごめん、メール見たらちょっと早めに抜けた方が良さそう。30分しかいられなくてごめんね、今度また埋め合わせする！」

一緒に過ごすベストな時間は特に決まっているわけではありません。あくまで目的は「良い印象を残すため、盛り上がっているうちに切り上げる」なので、盛り上がってるな、今がピークだな、と思ったタイミングで解散を打診するのが良いです。

とはいえ目安があった方が良いと思うので説明すると、気になる異性と初デートに行き、カフェでおしゃべりする、という内容なら、45分～1時間15分程度が一番うまくいきやすいです。ぜひ試してみてください。

②帰り際に褒める

褒めるのは勇気がいる行為ですが、**別れ際であれば言い逃げできるため、少ない勇気で相手を褒められます**。そこで、別れ際には少し男女を意識した褒め言葉を使うのをオススメします。

「そういえば伝え忘れてたんだけど」

「何？」

「そのワンピース、すごい似合ってるよ。それだけ言っておきたくて。じゃ、また来週ね」

言い逃げすれば、相手は「あなたがなぜそんなことを言ったのか」を探る術（すべ）がありません。「あなたがなぜそんなことを言ったのか」を無意識に考え、脳内にあなたのイメージが何度も登場するため、あなたに対して恋愛感情が帰属しやすくなります。

③不確定要素を残す

別れ際に相手の脳内に不確定要素を残す会話をすることで、その内容を気にさせることができ、その気持ちがあなたに対する好意に誤帰属しやすくなります。

「すみません、おごっていただいてありがとうございます」

「全然！　その代わり、ちょっと今度1個お願い聞いてくれる？」

「お願いってなんですか？」

「秘密。まあそんな大変なことじゃないからさ、次回会った時に話すよ」

④残タスクを与える

解散をした後に相手にやってもらう事項を与えることで、解散後もあなたのことを意識する機会を増やすことができます。

「次行くカフェ、お互い気になるお店を1個ずつ見つけて報告し合って、良かった方に行こうよ」（次のデートのプランを立ててもらう）

「さっき言ってた本、名前思い出したら後で送っておいてくれない？」（何かを調べて送ってもらう）

「ちゃんと帰れたか心配だから、家に着いたらＬＩＮＥしてね！」（あなたにＬＩＮＥを送らなきゃ、と意識しておいてもらう）

帰り際にこのようなことを伝えると、**相手がタスクを終わらせるまで、潜在意識に「あなたが与えた」タスクが残り続けます。**これにより、残タスクを意識する際に、あなたのことも意識してしまい、「こんなにあなたのことを考えてしまうのは、あなたのことが好きだからだ」と誤帰属させやすいです。

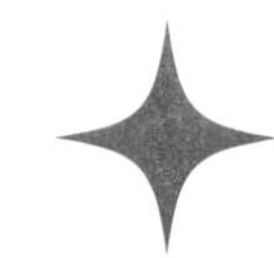

好きな人と会っていない時にやるべきこと

多くの人は「会っている時にどう思われるか」ばかり考えてしまうのですが、人に好かれるには「会っていない時にどう思われるか」の方が重要です。当然ですが、会っている時間よりも会っていない時間の方が長いですよね。だから、この「会っていない時間」にいかに相手の脳内シェアを奪うか、そしていかにあなたのことを好きな気持ちを高めてもらうか、これが他人に好かれるうえで最も重要になってきます。

それゆえここからは、LINEやDMをベースに、相手と会っていない時にあなたができることを紹介していきます。これがわかれば、遠距離であれ会う機会が少なかれ、好きな人に好きだと思ってもらえる確率がぐんと上がるので試してみてください。

❶相手の既存の習慣に入り込む

習慣の力は大きいです。例えば多くの方は、休日に早起きするのは苦手ですよね。

しかし、「出社」や「登校」がある平日は、（ほぼ）誰でも当たり前のように早起きすることができます。

これは、**意志の力で早起きするのは大変な一方で、習慣として早起きするのは簡単だということを示しています。**

そしてこの意志と習慣の仕組みは、早起きに限らず全ての行動に共通しています。意志によって行動しようとする場合「行動するか、しないか」という判断を顕在意識で行う必要があり、その際脳にストレスがかかります。一方で習慣によって行動しようとする場合、顕在意識による判断をせずに、潜在意識が自動的に「行動する」という判断をしてくれるため、脳にほとんどストレスがかかりません。

やりたくない行動はなるべく習慣化して、潜在意識下で勝手に決断できるようにしておくと、勉強、仕事、運動など、さまざまなことを楽にこなすことができます。

これを対人関係に置き換えて考えてみましょう。例えば、あなたが気になる相手にＬＩＮＥを送ったとします。すると、相手の脳内には、そのＬＩＮＥに返事をするかしないか、今やっている作業が終わってから返信をするのか今すぐ返信をするのか、内容はどうするのか…など、判断する事柄が複数生まれます。もしこれらが顕在意識で判断されれば、それだけ相手の脳に判断するストレスがかかることになるので、判断の回数や返信の心理的な難易度が上がれば上がるほど、相手が面倒に感じて既読スルーしたり、誘いを断ったりする可能性が高まってしまいます。

だからあなたのやるべきことは、なるべく相手に判断をさせないこと、要は**相手の習慣に入り込み、相手の潜在意識が勝手に行動をするような状況を作る**ということです。先の例で言えば、あなたのメッセージを見たら返信をするという習慣を相手の中に作ってしまおうということです。

この方法は、「気になる人があなたに電話をかけたくなる」「気になる相手が自分からあなたを遊びに誘う」など、さまざまな習慣を作るうえで使うことができます。今回は「あなたが送ったＬＩＮＥやＤＭを相手が見て、既読スルーや未読スルーをせず、ちゃんと返信をする」という習慣を作るためにはどうすれば良いか、という課題を設定し、その方法を具体的に解説していきます。

①脳にストレスがかからない時間を狙う

まずやってほしいのは、**「相手がLINEやDMをよく見るであろう時間帯」「普段から返信するであろう時間帯」に合わせてメッセージを送ること**です。

「送る時間など関係ない」と考える人もいるかもしれませんが、受信から時間が空いてしまったメッセージに返信する際は、「時間が空いたことへの申し訳なさ」を潜在意識が感じて、「丁寧な文面にしないと」など、相手にストレスがかかりやすいです。

一方で**普段から相手がスマホやPCを触り、LINEやDMをよく返信している時間帯にメッセージを送れば、その場で返信をする確率が高まります**。これを繰り返すことで、「この時間にスマホを開いて返信をする」という習慣に「あなたからメッセージが届き、返信をする」という習慣を差し込むことができます。

そのためにも、これまでにやりとりをしたメッセージを見返し、相手からの返信が多い時間帯を調べてみましょう。もしくは、**雑談の際に上手に誘導して、それとなく相手の生活リズムを聞いておきましょう**。例えば、次のような感じです。

■ 一般的にメッセージを見られやすい時間帯、返信をしやすい時間帯

・朝起きた直後
・通学通勤中
・お昼休み
・仕事や学校が終わった後
・習い事の前後
・下校退勤中
・家に着いた直後
・家でだらだらしている時
・夜寝る前　など

「麻貴さんいつも出社早いですよね。夜何時くらいに寝てるんですか？」

「私、結構早いんだよね〜。23時くらいかな？」

「早いですね。てか寝る前布団の中でスマホ触っちゃって、全然寝られなくなったりしません？笑　それで気づいたら深夜2時とかになっちゃったりするんですよね」

「わかる！笑　だから私はお風呂上がった後はスマホ見ないようにしてるんだよね」

「それすごくいいですね！　じゃあメッセージの返信とかはお風呂前に終わらせちゃう感じですか？」

「そうだね。あと、仕事の行き帰りの電車でスマホ見てるから、その時とか」

もしそれができない場合は、一般的に多くの人が一番返信する可能性が高い時間を狙ってメッセージを送るのがオススメです。例えば起きた直後や、学校や仕事などへの移動時間、家に着いて一息ついている時間などです。

②脳にストレスがかからない内容を送る

あなたが長文のメッセージを受け取った時は、おそらく一瞬「うっ」となると思います。このように、**メッセージにも脳にストレスがかかりやすいもの、かかりにくいものがあります。**当然のことながら、ストレス度合いが高いほど返信が来る確率が低くなるので、**可能な限りメッセージからストレス要因を排除することで、返信が来る確率は上がります。**

脳のストレスになりやすい要素の例としては「メッセージ全体が長文」「一文一文が長い（読点「、」をたくさん使用して文章を長くしている）」「内容が難解」「質問が多い」などです。特に「就寝前の時間」のような一日の終わりの時間帯は、脳は一日中酷使され疲れ切った状態である場合が多いので、ストレス要因が多いほど返信が来ない確率が大きく上がります。

「短文で送る」「質問する場合は数を少なくする」「相手が考え込んでしまう内容は送らない」など、**相手がノーストレスで返信できるメッセージを送ることを意識して文章を作るようにしてみてください。**

③メッセージを送る時間を固定化する

相手からメッセージが返ってきたら、今後は「あなたとメッセージのやりとりをする」ことが習慣になるように強化していきます。

そのために、**あなたが送るメッセージの時間を固定化してみましょう。**相手がスマホを見ていて返信をしやすい時間帯、例えば夜20時などと決めて、その時間に毎日メッセージを送るようにしてください。

これが続くと、気づけば「決まった時間にあなたからのメッセージを目にする」「目にしたら、あなたに返信をする」という習慣ができあがっていきます。どれくらい続けることで習慣になるのかというのは21日や66日など諸説あるのですが、LINEやDMの返信は感情が乗りやすいこともあり、3～4日も続けば十分な印象です。

④相手に役割を与える

相手に役割を与えるのも、メッセージの返信を習慣化し、関係を深めるために非常に有用です。

「毎朝7時にモーニングコールしてよ笑」
「毎日1問英単語の問題出し合いしようよ」
「面白い画像見つけたら送って笑」

このように、相手に毎日（もしくは高頻度で）実行可能な行動を取ってもらってください。ただし、行動のハードルが高すぎるとストレスがかかり習慣化しないので、相手にとって行動のハードルが低いものにすると良いです。

これにより、「あなたからのメッセージを見て、返信する」という作業に、「記事のリンクを送る」など、相手の役割を一つつけ加えることができます。役割を与えることで、それに付随して相手の思考も理解できるようになりますし、**人は他人から役割を与えられると、無意識に責任を感じて実行しやすいうえ、行動が決まっているため**

に判断のハードルが大きく下がるので、返信の習慣化に大いに役立ちます。

また、このような2人だけの役割を作ることであなたに対する好意への誤帰属も起きやすいので、これは飛ばさず実行した方が良いです。

⑤生活リズムにあなたへの返信を紐づける言い回しをする

あなたが作りたい状況は「相手が高頻度で取る行動をするたびに、あなたへ返信するということをつい思い浮かべてしまう」ですよね。そのために、**相手の生活リズムにあなたへの返信を紐づけるような文言をメッセージに入れ込んでみましょう。**

「お風呂出たらスクショ送って！」

例えばこのように、「お風呂出たら」という文言を本来送りたいメッセージにつけ加えます。これを何度か繰り返すうちに、「お風呂から出る」→「スマホを見てあなたに返信をする」という流れを相手の潜在意識の中で固定化し、お風呂から上がったタイミングであなたに返信をすることを思い浮かべやすくなります。

人間の脳は、全く新しい習慣を身につけることは得意ではありませんが、既にある習慣に新しい行為を付け加えることはそこまでストレスに感じません。従って、相手の既存の習慣（ここでは「お風呂から出ること」）と、あなたが取らせたい行動（ここでは「スマホを見て返信」）を結びつけ、相手が返信する流れを作りましょう。

⑥一旦連絡するのをやめる

相手に「決まった時間にあなたに返信する」という習慣が根づき、**やりとりをすることが当たり前になったら、今度は一旦連絡するのをやめてみましょう。**その際、こちらからは2〜3日連絡をせず、相手からのメッセージも未読スルーします。

先ほどの流れをしっかり実行していれば、相手の脳の潜在意識は例えば「あなた＝毎日20時頃に連絡をくれる人」のように認識しているはずです。

このような状況であなたから急に連絡が来なくなると、相手の潜在意識は習慣通り進んでいないことに違和感を覚え、あなたから返信が来ない理由を考えてしまいます。その際、相手の思考にあなたが頻繁に登場するので、あなたのことを考えてしまっている理由を「あなたのことが好きだからだ」と誤帰属させてくれる可能性が高いです。

❷ アイコンは魅力的なものにする

相手はあなたとメッセージのやりとりをしたり、SNSであなたの投稿を見たりするたびに、あなたのアイコン画像を見ることになります。多くの場合、あなたのアイコン画像に吹き出しがついており、あなたがしゃべっているように見えるため、そのアイコンのイメージが、相手の脳内であなたのイメージに重なりやすいです。

そのため、アイコンを好感度が高まるものにしたり、相手が「愛情」や「恋愛感情」を感じやすいものにすることで、その好感度や愛情、恋愛感情を、相手の中であなたに帰属させることができます。

好意を帰属させる上で最もアイコンに適しているのは「笑顔のあなたの写真」です。ただし、「変顔」と「自撮り」は避けてください。「変顔」で相手に与えられる印象は「恋愛感情」には帰属しにくいですし、「自撮り」は不自然さが出てしまいます。

基本的には誰かに撮ってもらった写真が良いので、誰かと楽しく会話して表情が豊かになっている瞬間のあなたを、カメラが得意な友達に撮ってもらいましょう。

■ 撮影時に努力すべきポイント

・おしゃれな服装で写る
・脚を長くする（ヒール、シークレットシューズ）
・メイクをする（男性も可）
・ヘアセットをする
・背景にこだわる
（海外旅行先、自然の中、おしゃれな壁、カフェなど、センスの良い背景に）
・犬や猫など、可愛い動物と写る
・赤ちゃんや子供と写る
・加工する　など

お金に余裕がある人であれば、プロの写真家に撮ってもらうという手もあります。プロの写真家に頼めば1万円程度で素敵な表情の写真を撮ってもらえます。**アイコンは会っていない時間に最も相手に見られる画像です。**飲み会を2回我慢すればいい程度の費用で、アイコンが良いものになるのであれば、非常に効率が良いと思いませんか？

どうしても自分の顔をアイコンにできない場合やしたくない場合は、好きな人の潜在意識が、あなたのアイコンから好印象を感じる要素をアイコン写真に入れ込むと良いです。「目が大きく愛らしい動物の写真」や「おしゃれな風景にあなたの後ろ姿が写り込んでいる写真」などがオススメです。

本当はもっと詳しく説明したかったのですが、ページ数の関係からここには載せられませんでした。「好意が帰属しやすいアイコンの要素一覧」「マイナス印象が帰属しやすいアイコンの要素一覧」というPDFをウェブ上で無料配布しています。興味がある方は私のホームページやSNSなどから入手してみてください。

❸ LINEやDMは既読スルーする

既読スルーは相手に恋愛感情を抱かせる手法として最も強力な手段の一つです。「既読がついたのに返信が来ない」という認識が潜在意識に残っている間、無意識にあなたのことを考えてしまう機会が増えるので、好意があなたに帰属しやすいのがその理由です。

そこで既読スルーを「好意を得る手法の一つ」として私はオススメしているのですが、「駆け引きみたいなのは嫌だ…」「自分は正々堂々と正面から当たりたい」「私は駆け引きしてくる人を好きにならない」といった意見がよく返ってきます。

しかし、「駆け引き」「正々堂々」とは一体何なのでしょう。同じ既読スルーという行為をしていたとしても、たまたま忙しくて既読スルーしてしまったら、大半の人は「こういう理由があった（=仕方がなかった）」と言い訳を並べたてるのに、好きにさせるために意図して既読スルーをしたら、それは「駆け引き」だとして非難される。これは全く同じ行為に対して、意図が介在するかどうかで主観的な価値判断をしているということに他なりません。要は「間違ってやってしまったら仕方がない」「わざとやるのは悪い」ということかと思いますが、相手の立場からすれば、既読スルーは既読スルーであり、それが意図的かどうか判断できない以上、そこに何の違いも存在しません。本当に寝ていて既読スルーをしてしまっても「ごめん寝てた」と送りますし、意図的に既読スルーをしていても「ごめん寝てた」と送りますよね。相手にとっては完全に同じことです。

重要なのはあなたがどう感じるかではなく、相手がどう感じるかです。そういう意味では、既読スルーをやりたくないと感じるのは、あなたが既読スルーを「良くない行為で相手を傷つけている」と認識しているからであって、「既読スルーをした結果、相手が幸せになるのであれば既読スルーは必要悪になる」「最終的に好きになってもらえれば、自分が相手を幸せにする機会を勝ち取れるから問題ない」という考え方もできます。

物事の価値判断は常に両面的です。自分の都合で無意識に行う既読スルーを「仕方ない」と捉える人もいれば、「ナチュラルに相手を傷つけており、意図していない分さらにタチが悪い」と感じる人もいるのと同じことです。つまり、私が伝えたいのは**「一つの価値判断で自分の行動を制約するのはもったいない」**ということです。ここまで読んでもこの意見に同意できない方は、この項目は読み飛ばしてください。

前置きが長くなりましたが、「好きな人を好きにさせるために既読スルーをしたい」という人向けに、ここから既読スルーの使い方を詳しく解説していきます。

○既読スルーの使い方

既読スルーの大まかな流れは次の通りです。

①メッセージを送る

②返事が来たら既読スルーをする
③相手にあなたのことを考えさせる時間を作る
④相手を安心させる

まず「①メッセージを送る」→「②既読スルーをする」の流れですが、前提として、メッセージのやりとりをした際、相手の脳の潜在意識に「この後返信が来るはずだ」と感じさせておかなければ効果がありません。

そのための方法は大きく分けて2つあります。

1つ目は**やりとりを積み重ねることです**。何通も、場合によっては何日も何週間も続ければ、やりとりを続けることが相手の中で潜在的に習慣になってきます。この習慣づけを強化し、なるべく相手から返信を期待させるために、「❶相手の既存の習慣に入り込む」（P200）で説明した「毎日同じ時間に送る」「毎回同じくらいのペースで送る（例えば、相手からメッセージをもらってから、毎回1時間以内には返信する）」などを積み重ねておいてください。**あなたと相手のやりとりを積み重ね、その**

時間やペースなどにも一貫性を作っておくことで、それが中断された時（＝既読スルーをした時）、相手の中で強い違和感が起こります。

相手の脳の潜在意識に「返信が来るはずだ」と感じさせる2つ目の方法は「**相手に続きを知りたくさせる**」ことです。こちらは時間をかけなくてもすぐ行えます。

「亜美、今日のテスト何点だったー？　勝負しようぜ！」
「82点だったよ！　智樹は？」
（ここで既読スルー）
「亜美ちゃんって慶應なんだ！　だからあの日、田町駅で見かけたんだ。俺は」
「俺は？」
（ここで既読スルー）

このようなタイミングで既読スルーをすることで、会話が不完全なまま終わります。

人間の脳は、物事を完結しないまま放っておくことが苦手なので、続きを知らないことが、相手の脳の潜在意識内で違和感として残ります。

このように、相手の脳の潜在意識に違和感を残すことができれば、

(何点なんだろう／どこの大学なんだろう)

(てか、なんで返信ないんだろう)

(何かあったのかな？)

(そもそも答えないならなんで聞いてきたの!?怒)

(明日会った時に聞いてみよう)

などと、相手の潜在意識が勝手に意識をし始めてしまいます。そして、

(私は智樹くんのことを考えている…)

という認識を無意識に抱かせることができるので、あなたのことを考えている理由を脳が自動的に見つけ出そうとし、

(もしかして、智樹くんのことが好きだから？)

と誤帰属してしまいます。

既読スルーのポイントは、「いかに強くあなたのことを意識させるか」と「いかに

多くあなたのことを意識させるか」の2点です。つい考えてしまうほどのインパクトを残すことができれば、そして何度も何度も考えてもらえれば、それだけ相手の中で認識の理由を「もしかして好きだから？」と誤帰属する可能性が上がっていきます。

「①メッセージを送る」「②既読スルーをする」が終わったら、「③相手にあなたのことを考えさせる時間を作る」に進みます。

既読スルーをしてからは、時間が経てば経つほど、相手にもいろいろな出来事や考えることが生じるので、相手は「あなたに既読スルーをされた理由」以外にも気になる事象が増えていきがちです。その結果、あなたのことを考える機会が減り、あなたに対して興味もどんどん失せていってしまいます。

だから、**既読スルーをする期間は長すぎず、短すぎず、良い塩梅で行うことが重要です。**既読スルーをどれくらい引っ張ると最も効果があるかを考え、ちょうど良いタイミングで既読スルーを切り上げる必要があります。この期間の設定は難しいのですが、基本的には相手とのこれまでのメッセージのやりとりから判断できます。

・これまでのやりとりから、返信ペースはどれくらいか

・相手の性格上、既読スルーされたらどの程度気にしそうか
・相手の性格上、既読スルーされたらどれくらいの時間がたてば気にしそうか

また、既読スルーを切り上げたタイミングでは、必要に応じて既読スルーの理由を説明しなければならない場合があります。説明を求められた際に回答する、合理的で納得がいく既読スルーの理由を事前に用意し、それに合わせたタイムスパンで既読スルーするのが良いと思います。

一番汎用性があるのはおそらく「寝てた」でしょう。夜の時間でなくとも「疲れていた」などと理由をつければ、わりとどんなタイミングでも使えますし、通常寝る場合なら数時間はメッセージを見られない状況になるため、返信をしていない妥当性を担保できます。さらに、既読スルーということは一度既読をつけてから寝るわけで、起きてから返信をするのを忘れてしまったなどの体裁も取りやすいです。

ところで、人間の記憶は寝ている間に定着する性質があります。これを利用して、相手が寝る直前の時間帯を狙って「続きを気にさせるメッセージを送る」のも非常に効果的です。

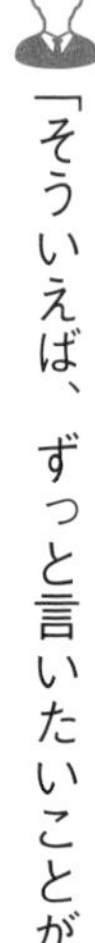

「そういえば、ずっと言いたいことがあったんだけど」

「何？」

（ここで寝落ちしたフリをして既読スルー）

「あのさ、ちょっと気になってたんだけど」

「何？」

（ここで寝落ちしたフリをして既読スルー）

「①メッセージを送る」「②既読スルーをする」「③相手にあなたのことを考えさせる時間を作る」までが終わったら、最後は「④相手を安心させる」パートです。

無意識的にでも意識的にでも、既読スルーの結果、相手は多少なりともあなたから返信が来ていない事実を気にしています。「自分は既読スルーされても一切気にならない」と思っている人もいるかもしれませんが、メッセージが返ってきていないことを認識している時点で、潜在意識レベルでは確実に気にしています。程度の差はあれ、例外なく感情的になったり、不安定に感じているはずです。

そこで、その後の対応で相手を安心させる行動を取ってみましょう。それにより、その際の感情の振れ幅が、あなたに対する好意となって誤帰属する可能性が高いです。しかも、**マイナスの状態から安心させることになるため、ゼロベースから好意を感じさせるよりも、感じさせられる好意の総量は大きくなります。**

これから紹介するフレーズも参考に、あなたの既読スルーによって相手が感じているマイナス感情を取り除いてみましょう。

・気づかなかったフリをし、何事もなかったかのように接する

「ごめん、返信したつもりになってた」

「あれ、返してなかったっけ？　ごめんごめん」

・妥当な理由を伝える

「申し訳ない、電池切れちゃっててさ」

「ごめん、完全寝落ちしてた…」

これらは、「なんで返事くれなかったの？」のように相手側から既読スルーの理由を尋ねられなくても、あなた側から切り出して伝えてＯＫです。顕在的にでも潜在的にでも、相手をもどかしくさせたうえで安心させるというのを、違和感のない範囲で繰り返すことで、相手の脳内でのあなたに対する好意を高めていきましょう。

○既読スルーと未読スルーの違い

「既読スルーと未読スルーはどっちの方が良いの？」という質問を多々受けます。

結論から言えば、どちらを使えば良いかはケースバイケースですが、相手があなたのことを考える機会を作れば作るほど、あなたに対する好意に帰属しやすいということから、基本的には未読スルーよりも既読スルーの方が効果が大きい場合が多いです。未読スルーの場合は、「用事があってまだ見ていないかもしれない」と思われがちなのに対して、既読スルーは「なんで返事が来ないんだろう…俺、何かしたかな？」と考えさせやすいからです。

既読スルー：故意に無視していることが相手に伝わる

未読スルー：故意に無視しているかどうかが相手にはわからない

これまでの内容を踏まえて適宜状況に合わせて判断し、使い分けてみてください（とはいえ、効果を追求すれば、ほとんどのケースで既読スルーになるとは思います）。

❹ 返事が来ない時に追撃メッセをしない

次は、相手からＬＩＮＥやＤＭの返事が来ない場合の行動について考えてみます（返事が来なくても一切気にならない人は、読み飛ばしてもらってかまいません）。

結論から言うと、相手から返事が来ない時に重要なのは次の３点です。

①一切気にしない
②気になっても、追撃メッセージなどのアクションを一切起こさない
③気になってしまう場合、仕組み化やルール化で気にならないようにする

まずは「なぜ相手から返事が来ないことを気にしてはいけないのか」についてお話しします。先の項目で見た通り「返事が来ない」という事実は、否が応でもあなたの

潜在意識内で思考を強制し、脳内シェアを奪ってしまいます。ほとんど気にしていなければ、奪われるのはほんの一部の潜在意識で済みますが、あなたが**気にすればするほど割合は大きくなり、ともすれば顕在意識で気にしてしまう可能性もあります。**

そうなると、あなたも気づかぬうちに多少なりとも感情的になってしまい、結果的に感情に任せた行動を取ってしまうリスクが生じます。またそうはならなくても、仕事や勉強をしている際に、返事が来ていないことが気になってしまうなど、自分の集中力を低下させることにも繋がりかねません。

だから、**「相手から返事が来ていない」という事実は、可能な限り思考の外に追い出してください。**

・通知が来ていないか何度もスマホをチェックしてしまった
・ＬＩＮＥやＤＭの画面を何度も見返してしまった
・相手のＳＮＳが更新されていないかチェックしに行ってしまった
・相手のＳＮＳが更新されていてやきもきした

こういう行動をしたことはありませんか？　その結果、あなたの中で相手のことを考える時間も回数も増え、気持ちが高まってしまい、「意識しすぎてしまう」「相手と接する時に行動が窮屈になる」「本来の自分が出せなくなる」「気持ちを抑えきれずに行動し、やらかす」など、あなたにとってデメリットのある状況が生まれやすくなります。追撃メッセージを送ることもそのうちの一つで、感情に任せて余計なことを言ってしまい、後悔したことのある人は少なくないはずです。

既読スルーをされた後は、自分では感情的になっていないと思っていても、潜在意識は大きな影響を受けていることが多いです。それゆえ、あなたの判断能力も落ちており、ミスを犯してしまうリスクは高くなっています。

もどかしく感じている時は、動かないことを徹底しましょう。

とはいえ、感じてしまうものは仕方がありません。だから、自分がもどかしく感じず、感情に任せた行動を取らないための仕組み作りが実は結構重要だったりします。そこで、効果があり実行しやすい方法をいくつか紹介します。

○ルール化

そもそも、連絡が来なくてもどかしくなるのは、

・相手から返事が来るか来ないかわからない

・自分のメッセージに相手がなんて思っているかわからない

のように、不確定要素が脳内に残るからです。

「定まっていない事柄があるとどうなるか気になってしまう」「脳が自動的にその答えを知りたくなってしまう」という人間の脳の機能は、どうしても避けることができません。だからこそ、多くの人が既読スルーや未読スルーをされると気になってしまうわけです。だから、既読スルーや未読スルーは、自分のルール決めで不確定要素を消すことによって、解決するのが良いと思います。

・LINEを送って返事が来ない時間が24時間以内の場合、相手にも何か用事があるんだなと思って気にしないことにする

・24時間を過ぎたら、自分に返信をするのが面倒だったんだなと思うことにする

このようなルールを決めて付箋に書き、慣れるまでは部屋の壁に貼っておくと良いです。好きな人、気になる人から返信が来ないことが気になってしまった時は、この付箋を適宜チェックし、音読するという行動を繰り返すと、次第に感情を抑える習慣として身についていきます。

これに慣れると、

・24時間以内であれば放っておけばいい
・24時間を過ぎたら諦めて放っておけばいい

と割り切れるので、最終的に既読スルーにより思い悩むことは一切なくなります。

どうしても取らなければいけない連絡の場合は、質問する時点で「いつまでに返事してね」と期限を伝え、それでも返ってこないなら諦めるなどというルールを決めておきましょう。「明日遊ぶ約束をしているが急に連絡がつかなくなった」という時も、「○時までに返事が来なければ約束はなかったものにする」と割り切れば良いです。

○スマホを隔離する

ルール化を行っても、まだ返事が来ないことが気になってしまうのなら、スマホを隔離しましょう。

既読スルーをされると、相手のＬＩＮＥを見返したくなったり、追撃ＬＩＮＥを送りたくなったりしますよね。それは、あなたがＬＩＮＥを見ることができて、かつ送れる状況にあるからです。**「送る」「送らない」という両方の選択ができる状況なので、潜在意識は「送りたい」と思う一方で、顕在意識は「送るべきではない」ということをわかっており、脳内で葛藤が起きます。**そして、送るか送らないかを考えれば考えるほど、「相手に送るかどうか」という思考に意識を取られてしまうので、「相手のことを考えてしまうのは、好きで好きで仕方ないからだ」と脳内で誤帰属が起こり、さらに相手が好きになり、苦しい気持ちを感じるようになります。

だからこういう時は、選択肢を一つだけに絞るのが良いです。**何をどうしてもスマホを見ることができない状況だと脳が認識すれば、脳内から「スマホを見る」という選択肢が自動的に消え、「追撃ＬＩＮＥを送りたい！」などの気持ちもそのうち自動的に収まってきます。**

また、スマホを隔離しておくことで、「相手から返信が来るまでとても時間がかかったのに、あなたはメッセージをもらい次第、嬉しくて即返信してしまう」のような、自分が追いかける立場だと潜在的に相手に示してしまうような行動も自動的に減らすことができます。

ちなみに、スマホを隔離するための方法は次のようなものがあります。

①スマホを家に置いたまま外出する
②スマホを誰かに預ける
③タイムロッキングコンテナを使用する

③のタイムロッキングコンテナは、タイマー式ロックが付いた製品で、Ａｍａｚｏｎなどで購入可能です。設定した時間内は、破壊しない限り箱を開けることができなくなるため、スマホを使うという選択肢を強制的に減らせます（破壊する気が起きない程度にそこそこ値段が高いです）。これは仕事や勉強に集中したい時などにも使えるので、持っておいて損はない製品です。

◯既読スルーの意図を知るメリットがないと知る

既読スルーをされた時に不安になるのは「相手が既読スルーをした理由がわからないから」なので、あなたはその理由を知り安心したいと無意識に感じます。

しかしながら、その理由は「寝てたから」「忙しかったから」「面倒くさかったから」など無限に存在するうえ、仮に聞いたとしても相手が正しい理由を答えてくれるとは限りません。実際、あなたも返信が面倒な相手に「忙しかった」と返した経験はあるはずです。

それゆえ、返事が来ない理由を推測したり質問するメリットはほとんどないのですが、その一方で返事が来ない理由を考えれば考えるほど、相手を好きな気持ちが高まってしまうので、心が苦しくなったり、ひどい場合は感情に任せた行動まで取ってしまいかねません。これは「好きな人に自分を好きになってもらいたい」という目的からすると、正反対の行動です。

さらに「既読スルーをした理由」を相手に尋ねることで、相手に面倒くさいと思われ、あなたへの感情がネガティブなものになってしまう可能性すらあります。

要は、**既読スルーの意図を知りたいと思ったり、尋ねたりするのは時間の無駄であ**

り、その時間を他に使った方がよっぽど良いということです。

これで「相手から返事が来ない時は気にせず、何もしない」ことの重要性とやり方がわかったかと思います。

しかしながらここまで読んで「何もしないと関係が進展しないじゃん！　このままスルーされたら自然消滅しちゃうかもしれない！」と思った方もいるかもしれません。その質問に答えるのであれば、**「関係を進展させたいのであれば、何もしないのが最適解」**というのが私の意見です。

相手は既読スルーをしている以上、潜在的にか顕在的にか、あなたに返信をする行動を取らなかった理由があるはずです。よって、あなたが自然消滅を避けるために追撃メッセージを送るのであれば、相手に「面倒くさい」と感じさせるだけです。それどころか、その気持ちが「あなたを好きじゃないから面倒くさく感じるんだ」と帰属してしまうリスクまで発生します。ゆえに、**能動的に行動しないというのはマイナスではなく、いわば積極的なリスク回避を目的とした行動と言えます。**

とはいえ、これだけでは確かに関係は進展しませんよね。そこで「何もしない」に一つつけ加え、**「何も気にしてないかのように自然に振る舞う」**というのを意識してみてください。

例えば学校や職場であれば、既読スルーされていたとしても、自然に会うタイミングはあるはずですし、そうでなくても何かしらやりとりができるタイミングは来ると思います。そのタイミングで、**今回既読スルーをされたことを気にせず、また、気にしている態度をおくびにも出さないまま普通に話しかけたり、普通にメッセージを送ったりすればOKです。**決して「なんで無視したのー?」と尋ねたり、返事が来なかった話の内容をここでぶり返したりはしないでください。

あなたが何も気にしていない様子で、返事が来なかった話の内容にも触れずに会話を進めれば、相手も普通に会話をすることができますし、もし相手が既読スルーをしたことを無意識にでも申し訳ないと思っていたとしたら、あなたが気にしていないことに安心して、その感情があなたに帰属する可能性もあります。**既読スルーをされたことを気にしないように相手に思われることこそが、あなたの印象を上げることにも繋がるわけです。**

この方法は、一切会う機会も連絡を取る機会もなく、メッセージだけのやりとりの相手には成り立ちません。その場合は、一旦何もせずに放置し、1カ月や2カ月など大幅に期間を空けた上で、過去のやりとりは何事もなかったかのように、ゼロベースで会話を開始するメッセージを送るのが良いです。

多くの人は無神経な人は良くないと思い込んでいますが、実は無神経というのは面倒くさくなく気楽に付き合いやすい人の要素だったりもします。相手にそういう人間だと思われることで、相手からの好意を獲得するチャンスが多く得られるようになるので、とにかく「気にしない」を徹底するようにしましょう。

⑤ 気づかれないように相手に寄せる

人間の脳は生き延びる確率を上げるよう、外敵と仲間を見分ける必要があります。それゆえ、自分とかけ離れているものには警戒心を抱き、自分に近いものには親近感を覚えるように生存本能として適応してきています。従って、「あなたに近い要素がある」と相手の潜在意識に感じさせられれば、相手は無意識にあなたに親近感を抱き、好意に発展しやすいです。

これは「ミラーリング」という名称でよく心理学系の自己啓発書などで紹介されている有名な手法です。相手の身振り手振りを真似して同じ動きをすると好かれやすい、などと一度は耳にしたことがある方も多いと思います。

しかしこの手法は、寄せていることを相手に気づかれた瞬間、相手にマイナス感情を与えてしまうという危険な一面も存在します。「この人、私の発言をオウム返しばかりしてるな」と気づいた瞬間、なんか嫌に感じちゃいますよね。

これは先に説明した脳の観点を踏まえるとスッと理解できます。潜在意識（＝本能）は「似ているもの・近いもの」に対して無意識に親近感を覚える一方で、顕在意識で「相手は意図的に似せている・近づけている」と気づくと逆に警戒心や気持ち悪さを感じる要因になります。

従って、これからLINEやDMなどで上手に相手に寄せると、直接対面していない時間も好かれやすい、という話をしていきますが、ここまで説明した通り、それを相手に気づかれた瞬間に終わりです。「どういう行為なら気づかれにくいのか」「どの程度までだと気づかれにくいのか」ということも意識しつつ、ポイントを絞って実行してください。

①文章量や吹き出しの数を寄せる

ということで長くなりましたが本題です。まずは「文章量」「吹き出しの数」を寄せてみましょう。**長文が多い相手には長文で、短文が多い相手には短文中心で返すと良いです。**同様にＬＩＮＥやＤＭなどでは吹き出しを分けてメッセージをするかどうかも、相手に寄せるようにすると良いです。

しかし、量を合わせることが一番の目的ではないので、適宜このルールは破ってもかまいません。本来送るべき内容を送れなくなる方がマイナスなので、**やりとりをする上で自然な範囲で寄せる程度で十分です**（今後紹介する他のポイントも同様です）。

なお、文章量も吹き出しの数も相手より少しだけ少なくすると、相手と自分の潜在意識に「相手の方が積極的になっている」かのように帰属させやすいので、相手はあなたを好きだと思い込みやすく、あなたは冷静さを保ちやすくなります。

②返信の間隔を寄せる

例えば相手が2時間に1回くらいメッセージをしてくるのであれば、自分も2時間に1回、もしくはそれよりも若干広い間隔で返す、というのが望ましいです。これもあくまでベースとなる考え方であり、固執する必要は全くありません。自然にできる範囲で寄せていきましょう。

③返信の時間帯を寄せる

相手から連絡が来る時間帯が例えば夜8時頃と決まっているのであれば、自分もその時間帯に合わせて連絡をしたり返信をすると良いです。

これはミラーリングの中で一番重要です。というのも、**人は生活のリズムが合わない人に恋愛感情を覚えにくいからです。**例えば、朝型と夜型の人が付き合うと時間のすれ違いができますよね。生活のリズムが合わないと、一緒に過ごしたり行動したりすることをイメージするのは難しいので、「この人は自分とは合わないかも」と潜在意識で感じてしまう可能性があります。そのため、ここは可能な範囲まで細部まで寄せにいく価値があります。先に説明した「❶相手の既存の習慣に入り込む」（P

200）を実行していれば自然にできているはずなので、読み飛ばした方は戻って読んでみてくださいね。

④文章の雰囲気を寄せる

文章の雰囲気は相手にバレにくく、かつ似ていると感じさせやすいので、寄せるうえではかなりオススメなポイントです。具体的には「一度に送る話題の数」「句読点の位置や個数、付け方」「行替えの位置」「口調」「絵文字の種類や個数」などがあります。これは意識して観察しないと相手の特徴としてつかむことは難しいので、相手のLINEやDMのメッセージをいくつかメモ帳にコピペして、共通点を洗い出してみると良いです。

ただし、口調に関しては寄せすぎに注意してください。例えば私は「かなり」と「めっちゃ」をよく使うのですが、「かなり」は寄せられても気づかない一方、「めっちゃ」は気づきます（過去にやられて気づいたことがあります）。気づかれないことを前提で行っているので、特徴的すぎる口調などは真似しないのが確実です。

⑤スタンプを寄せる（LINEの場合）

ＬＩＮＥスタンプは相手と一致する確率が少ないです。相手に気づかれずに寄せるのはやや難しいですが、偶然を装って一致させることができたら、相手が「この人は私に似ている」と思い込んでくれるので、実行する価値があります。

これを**一番自然に行いやすいタイミングは、新しい相手と知り合った時や、相手が新しいスタンプを送ってきた時です。**相手が使ってきたスタンプを即購入し、即送り返して、「俺もそのスタンプ持ってる笑　これかわいいよね」などと送ってみてください。これにより、相手は偶然性を強く感じるので、あなたに強い親近感を抱きます。

ただし、**相手がマイナーすぎるスタンプを使っている場合は、真似するのはさすがにあからさまなので、絶対に実行しないでください。**その場合、なるべく目が大きいキャラクターか動物系のスタンプを使うのが好ましいです。人間は本能的に大きい目や可愛らしい動物に愛着を抱くようにできているので、相手の本能を刺激してあなたに対する好意に帰属させましょう。個人的にはスヌーピーやドラえもん、くまモンなどが好きですが、もっと良いスタンプもあると思うので、ぜひ探してみてください。

なお、同じスタンプを使い続けることでそのスタンプのイメージがあなたのイメージに重なりやすいので、いろんなスタンプを使わず、なるべく一つのスタンプを使い続けるとより良いです。

6 同時並行で行う話題の数に注意する

特に真面目なタイプの人にありがちですが、相手とメッセージをする時、同時並行で複数の話題を進めていませんか？

「猫カフェまじ楽しみだよね！　どちらかといえば犬カフェ行ってみたいけど」
「あ、週末よりも、平日の方が時間合わせいやすいかも！」
「てかバスケってすごいね！　めっちゃ運動できそう！」

このように、ＬＩＮＥやＤＭで一度に何通も別々の話題のメッセージを送ってしまったり、長文メッセージで複数の話題を同時展開してしまう人は少なからずいます。
ですが、基本的に脳は複雑なことにストレスを感じるので、面倒くさいと感じると、返信をしたくなくなってしまいます。だから、話題の数が増えた時は、発展性のなさそうな話題は放置して、1つか2つだけを残して会話を続けてみてください。

先の内容を直すなら、

「いいね、猫カフェいきたい！　金曜日の夜はどう？　すでに楽しみ！」

などと返し、犬カフェやらバスケの話題は削りましょう。

話題の数が多いと、やりとりの文章がどんどん膨れ上がり、その結果、盛り上がるはずだった話題から話が逸れることにもなりかねません。相手と盛り上がる＝相手から親近感を抱かれるチャンスを失うことになります。

また、相手が複数の話題を振ってきた場合なら、あなたが話題を絞ると、返信しなかった話題が中途半端で終わっていることもあり、相手は潜在的にその話の続きがしたい（＝あなたとまた話したい）と感じてくれやすいというメリットもあります。

一度に進める話題は1～2個、これを常日頃から意識しましょう。

❼ 好意に帰属させやすい単語を使う

信じられないかもしれませんが、**単語やフレーズだけで、好きな人があなたを好きになることはあります。**LINEやDMでは「この単語を使うとあなたに好意を抱く」という単語やフレーズを、相手の顕在意識に違和感を抱かれない範囲で、積極的に使用しましょう。たくさん使っておくと、どれかがヒットして、気づいたら惚れているということはよくあります。いくつか具体例を紹介します。

①ずるい

実際にはずるくない相手の行動や仕草を表現する時に使ってみましょう。

「それ言うのはずるいよ笑」
「その絵文字ずるいわ〜笑」

ポイントは「何がずるいのかわからない」ことに対して「ずるい」と使うことです。「ずるい」はかなり含みを持った言葉なので、「ずるい」の言葉の意味や背景を、無意識のうちに相手の潜在意識が理解しようとして、そこから、「もしかして私に気があるのかな…」「こんなに考えてしまっているということは、もしかして好きになっちゃったのかな」といった認識に発展しやすいです。

②素敵

「素敵」という言葉は、漫画やドラマ、映画などではよく見聞きしますが、現実の世界で使う人はあまり見かけません。

だからこそ、あなたはこの「素敵」という単語を「普段から」使うようにすることで、**「素敵」という単語を使うのが、相手の周りであなたしかいないという状況が作れます。**これにより、相手は「素敵」という単語を見たり聞いたりするたびに、あなたのイメージを思い浮かべやすくなります。

「休みの日はいつも何してる？」

「家でゲームしてることが多いかなぁ」

「素敵な趣味だね。気づいたら無限に時間過ぎてるとかあるあるだよね笑　何のゲームが好きなの？」

「素敵」は自然に文章に刷り込ませやすい単語なので、そこまで素敵でないことに対して使ったとしても大きな違和感が出ません。

また、先に記載した通り、相手が「素敵」という単語に触れるのは、大抵漫画やドラマ、映画などの、良い雰囲気のシーンくらいです。従ってあなたが「素敵」と発する際、相手の潜在意識は無意識のうちに良い気分や、感傷的な気分、ロマンチックな気分を想起しやすいです。すると「良い雰囲気を感じている時にあなたのことをよく思い浮かべる」→「あなたのことを考える時、ドキドキしている」→「もしかして、好きなのかも」という流れが起きやすいです。

③ドキドキ、ドキッ、ときめき、キュン

「素敵」と同じように使うことができる単語として、「ドキドキ」「ドキッ」「ときめき」「キュン」などもあります。一つの単語だけ繰り返し使っていると相手が違和感を覚える場合もあるので、こういった類語を使うのもオススメです。なお「ドキドキ」「ドキッ」は先に紹介した「ずるい」と併せて使うと効果も倍増です。

「貴大くん、そのスタンプ可愛すぎずるい、ちょっとドキッとした笑」
「芽衣ちゃん、その褒め方はずるい。正直どきどきした笑」

④おいしい、楽しい、面白い、嬉しい、幸せ

ポジティブな感情を表す単語も、あなたと会話している時にポジティブな気分になるという事実を作ることができます。

その意味で、**イラつく、ムカつく、痛い、やめて、嫌い、などマイナスのイメージを想起しかねない単語は、基本的に普段から使わない方が良いです。**

⑤相手の好きなもの・こと

好きなものや好きなことも、相手の中でポジティブな感情を喚起しやすいのでオススメです。好きな食べ物、好きな有名人、趣味など、相手の中で間違いなく好感情に紐づいているとわかりきっている単語があれば、それを会話の中に刷り込ませてみましょう。

とはいえ、例えば阿部寛さんのファンの方とやりとりをする際に、毎回会話に「阿

部寛」と入れていたら、さすがに意味不明もしくはあからさまですよね。だからこの場合、阿部寛さんの話題を出して、相手に「阿部寛」という単語を使わせるよう誘導すると良いです。あなたがその単語を使った時と同様に、相手が自分で口に出した場合でも、それに付随して感情は誘発されます。

「この前好きって言ってた俳優さん誰だっけ？」

「誰だろ。阿部寛かな？」

「あ、そうだ！　阿部寛さんかっこいいよね。穣くん、阿部寛さんの出てるドラマでオススメとかある？」

⑥相手の名前（下の名前）

「好きな人と会っている時にやるべきこと」の項目で「名前orあなただけが使うあだ名で呼ぶことで、相手はあなたのことを親密だと思うようになる」と解説しましたが（Ｐ１３８）、もちろん、ＬＩＮＥやＤＭでも同じです。仲が良い人や大切な人から呼ばれている名前で相手を呼ぶことで、他の話者に対して感じている好意をあなたにも乗っけてしまいましょう。本書の例文では相手の名前をわざわざ含めているケースが多いですが、それはこの観点から行っています。

⑦好き・好きになる

ポジティブな感情に紐づいている単語としては、「好き」も非常にオススメです。相手に対して直接的に「好き」と言う必要はありません。代わりに、**「好き」という言葉を相手に関連する「何か」に対して使ってみましょう。**

相手がベローチェ（カフェ）でバイトをしているなら、

「ベローチェのコーヒーやっぱりおいしい。好きで毎朝来ちゃうんだよね」

相手の爪が短かったら、

「あの女優、爪短いからなんか好きなんだよね笑」

相手の持ち物をいいなと思ったら、

「そのスマホカバーいいな〜。真由のみたいに高級感あるやつ好きなんだよね。どこで買ったの？」

このように、相手が所属するグループ、相手の持ち物、相手がオススメしてくれたもの、相手の考え方などに対して「好き」を普段から向けてみてください。

脳の大脳辺縁系という部分、感情を司る部分は、主語や目的語を上手に理解できません。それゆえ、相手に「福良くんのことが好き」と直接的に伝えなくても、「好き」という言葉だけが潜在意識に残り、無意識レベルであなたからの好意を受け取ったように相手は感じてくれます。他人から好意を向けられると、「好かれているということは仲が良いはずだ」という認識を潜在意識が抱くので、無意識のうちに、相手もあなたに対して「好き」を返したいと感じ、あなたのことを好きになりやすくなります。

⑧付き合う

付き合うという単語は恋愛に関連するシーンでよく使われるため、会話に「付き合う」という単語を自然に入れておくだけで、無意識にあなたのイメージに「付き合う」イメージが重なりやすくなります。

「ちょっと職員室行くの付き合ってよ」

「自販機行くから付き合ってよ。もちろん満里奈のおごりで笑」

⑨ふたり

一見普通に使いそうですが、実はあまり一般的な場面では使われているのを聞かない単語です。一方で、ロマンチックな雰囲気のドラマや映画、漫画などを意識して見てみると、結構な頻度で「ふたりで」「ふたりとも」「ふたりだけ」などという言葉が出てきます。ある程度自然に用いることが可能な一方で、あなたに対する恋愛感情に帰属させやすいため、積極的に含めていきましょう。

「ふたりともわからないとかこのクイズが難しすぎるんだよ笑」

「このステーキふたりで分けて食べた方がいいレベルだよね」

⑩縁、運命、設定、神様、ドラマ…etc.

脳は自分の理解や想像を超えた事象に特別感を覚えます。

「え？　えりか神奈川出身なの？　マジ？　高校どこ？　え？　私も田奈高校だよ笑　まさかここで田奈高の人に会うと思わなかった！」

こうなると無意識のうちに「この人とは相性が合うかも」「この人とは仲良くしたい」のような感覚を覚えやすいです。このような会話を、あなたも一度や二度は経験したことがあると思います。

そこで、このような特別感を表現するフレーズやシチュエーションでよく使われている単語を文章に含めることで、同様の特別感や親近感が相手の脳内で無意識のうちにあなたに帰属しやすいです。

「あー、ふたりとも内定もらえる運命だったらいいなあ…」

「ここで残業になるなんて神様でも予測できないよ笑　また今度飲みに行こうね。

仕事頑張って！」

「なんかドラマの設定ですかってくらいに俺と趣味被りまくってるんだけど、もしかして俺のこと知ってた？笑」

⑪秘密・内緒

「好きな人と会っている時にやるべきこと」の項目で、「2人だけの秘密を作ると、相手との距離を縮められる」ということを解説しましたが（P151）、「秘密」は相手に対して向けても好意を獲得することができます。

「加奈ちゃんってバスケ部だったっけ？」

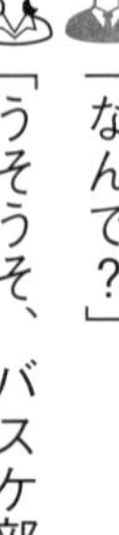

「秘密！」

「なんで？」

「うそうそ、バスケ部だよ！」

「なんで秘密にした笑」

脳は物事を不完全なままにしておくことが苦手なため、「秘密」と言われると、相手の脳はその秘密の内容を無自覚に知りたくなります。「あなたから秘密の内容を聞きたい」と感じる理由を、相手の脳が無意識のうちに、「加奈ちゃんのことを考えてしまうのは、加奈ちゃんのことが気になっているから」と誤帰属させてしまい、あなたに対して好意を感じ始めることがあります。

8 写真や画像を送る

基本的にLINEやDMでは皆、文字とスタンプしか使わず、視覚情報を使うことが少ないので、写真や画像を活用することで相手の印象に残りやすくなります。

例えば、今いる場所の写真を送り、

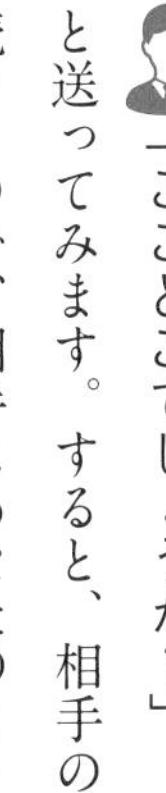

「ここどこでしょうか?」

と送ってみます。すると、相手の潜在意識はその場所がどこか確信するまで気になり続けるので、相手にあなたのことを考えさせたうえ、返信をもらいやすくなります。

もちろんある程度の仲ではない相手に、何の脈絡もなくこのようなメッセージをするとやや気味が悪いので、なるべく返信をもらう蓋然性を高めるために、会っていた時にしていた会話や、相手の好きなもの・ことに絡めた写真を送るとなお良いです。

相手がサッカー観戦が好きで詳しいなら、適当なサッカー選手の画像を送り、

「この選手誰だかわかる？」

「お、ハーランドじゃん」

「Twitterで流れてきたんだよね。宏明くんなら知ってると思って」

コンビニのスイーツコーナーの写真を、スイーツを好きな人に対して送って、

「超うまそうなの見つけた！」

「セブンのティラミスめちゃおいしいよね！」

「さっきスイーツの話されたから引っ張られたわ笑　セブンのスイーツで何かオススメとかある？」

もし可能であれば、**送る写真や画像に、好意に帰属しやすい要素を忍び込ませるの**

もオススメです。例えば写真を撮っているあなたの手がしれっと写っているなどです。

また初めから、好意が帰属しやすい画像を送れるように会話を組み立てるのもアリだと思います。例えば「可愛い動物の写真」「可愛い子供や赤ちゃんの写真」「旅行に行きたくなるような旅行先の写真」「きれいな風景」などの好意が帰属しやすい画像や写真が送れるように、トークを進めてみましょう。

ただしこれも他のいくつかの項目と同様、あまり頻繁にやりすぎるのはNGです。あなたも興味のない相手から毎日写真が送られてきたらうんざりしますよね？　あくまで自然な流れの中で行うから親近感や好意などに帰属しうるのであって、「なんでこんなに写真送ってくるの」「スパムかよ」のように顕在意識で違和感を認識された時点でマイナス感情に帰属します。やりすぎは要注意です。

❾ 手書きの画像を送る

これは「LINEやDMで写真を送る」の発展版です。**わざわざイラストや文字を書いた画像を送る人はほぼいません。従って、これだけで相手の脳に唯一無二の強烈**

な印象を残すことができます。その画像が親近感や恋愛感情を湧き起こしやすいものであれば、その強烈な印象が頭に残っている間、相手もその感情を抱いてくれるので、その感情があなたに帰属しやすいです。

例えばデートの誘いをする状況にオススメです。手書きであることでゆるさも出せますし、イラストに発言させられるため、あたかも他人の発言であるかのような印象を相手に与えやすくなります。また、普段だと緊張して言えないようなことも言いやすくなります。

コツとしては、男性の場合は雑な感じのイラストに言いにくいことを言わせるとうまく刺さることが多い気がします。女性の場合は可愛い感じのイラストに伝えたい感情ワードを乗せると良いかもし

れません。このようなイラストはｉＰｈｏｎｅやＡｎｄｒｏｉｄのメモ帳アプリで簡単に作れますし、飲食店にある紙ナプキンなどに描いた内容をスマホで写真に撮って送るのも良さそうです。

このような画像は、ユーモアを交えつつ好意の帰属を狙いやすいです。例えば「相手の似顔絵を描いて変なセリフを言わせる」など、アイデア次第で無限にできることはあります。ここまで本書を読んで理解した手法もうまく取り入れつつ、なるべく他の人がまだ使ってなさそうなイラストや発言を考え、ぜひそれを画像にして好きな人に送ってみてください。

⑩ 問題を出して、時々答えを教えない

相手にあなたのことを考えさせる時間をできるだけ多く取ってもらい、「あなたの

ことを考える」↓「あなたに好意を持つ」という流れを作るために、わからないことをそのままにしておきたくない脳の性質を利用してみましょう。

「これは何でしょうか？」（雑貨店で見つけたユニークなアイテムの写真）

「えー！　ノート？　メモ帳？」

「はずれ。当たったら1万円あげるわ」

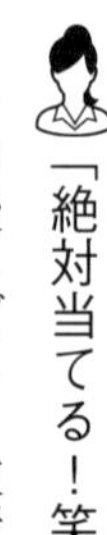「絶対当てる！笑」

↓その後しばらく放置

第2章・〝惹きつけられる人〟のコミュニケーションの基本「❹全部を教えない」（P100）でも紹介しましたが、あなたから出されたクイズの答えが気になると、あなたのことを考える時間も必然的に増えます。普段のLINEやDMの何気ないやりとりでクイズを出して、相手の潜在意識の中にあなたを印象づけていきましょう。

⑪ 小さなお願いをする

第2章・〝惹きつけられる人〟のコミュニケーションの基本「❼あなたのために何かをかけさせる」（P108）で、「相手に何かをしてもらう」と相手に「あなたを失いたくない」と思わせられると説明しましたが、この観点から会っていない時にできることはたくさんあります。

・相手が詳しいことを教えてもらう
・今いる場所の写真を送ってもらう（旅行中の場合など）
・スタンプを送ってもらう、買ってもらう
・映画、漫画などを薦め、その感想を尋ねる
・面白いTikTokの動画を送り合う
・異性の友達に贈る誕生日プレゼントに何がいいかアイデアをもらう

・ＥＣサイトで本を買って送る（住所を教えさせる、時間指定をさせる、その時間に待たせる、本を読ませる）

いろいろな「かけさせ方」がありますが、最も効果的なのは、お金を使わせたり、大きな行動を取らせたりするハードルの高いことではなく、相手が何かを考えるように仕向けることです。「ＴｉｋＴｏｋの動画を送ってもらうように依頼して、どの動画を送るかを考えさせる」「オススメの漫画を教えてほしいと頼み、どの漫画を薦めるか考えさせる」など、ハードルが低く効果が大きいものを積み重ねていきましょう。

⑫ 確実に会うように誘導する

ここでは、あなたが相手に「頻繁に会う近しい関係」になりたいと思ってもらうための方法を紹介します。

脳の生存本能は、なるべく思考スピードを落とさないよう、可能な限り全ての事象を潜在意識に処理させようとします。だから、あなたが相手と会わずに、メッセージ

のやりとりの関係を長く続けていると、相手の潜在意識が「あなたとはあまり会わない関係だ」という認識を抱きやすいです。

もちろん、あなたに対して好意を抱いていれば、好意が上回り「会いたい」という感情は当然起きるのですが、「会っている状態が当たり前だ」と認識してもらうのに越したことはないはずです。

それゆえ、普段からあなたと会うイメージを抱かせ、会いたいと潜在的に感じてもらうのと同時に、実際に会い、会っている状況を相手の中で当たり前だと認識できるようにしていきましょう。

そのためにできることとして大きく3つ紹介します。

①事前の会話で潜在的に一緒にいるイメージを想像させる

話の前提条件にあなたの存在を入れ込むことで、相手にあなたと2人でいるイメージを抱かせることができます。

「アブハジア共和国行きたくない？」

「急にどうしたの笑　てかどこ？」

「最近Ｔｗｉｔｔｅｒでバズってて、読んだら行きたいなって思って。（ＵＲＬを貼る）今週末行こうぜ！」

「遠すぎだし笑　週末じゃ無理でしょ笑」

「じゃあもし旅行に行くならどこに行きたい？　温泉旅行とか？」

「うーん（ここで旅行するイメージを抱く）、箱根とか行ってみたいかな」

このように、会話の中で一時的にでも一緒に何かをする前提の話題を入れることで、

（陸くんと一緒に旅行するとしたら…）

という思考が否が応でも潜在的に入ってしまいます。

こういう会話を適宜行い、相手のイメージにあなたが登場する頻度を多くすることで、相手の脳はあなたと一緒にいるイメージに慣れてくるので、いざ会うことを打診した際も潜在的に抵抗感を抱きにくくなります。

②一緒にしたいことを事前に話しておく

脳は現状維持が好きなので、急に入ってきた新しい思考には抵抗感を覚えやすい傾向があります。例えば、

「恭平くん、服見たいんだけど、ルミネに買いに行かない？」

と突然誘われると、

（遥ちゃんに誘われると思っていなかった。遥ちゃんは俺のこと好きなのかな？それとも考えすぎかな）

などと考え、その状況を理解するために脳がストレスを感じます。結果、事前に相手と一緒にしたいことをイメージさせていた場合と比較して、誘いを断られる確率は高くなってしまいます。一方で事前に、

「私洋服見るの好きなんだ」

「ルミネの3階って男物の服のお店もあって地味に行きづらいんだよね」

のような話を事前にしておけば、

「恭平くん、ルミネに服買いに行きたいんだけど、一緒に行かない？」

などと話を振られた時、恭平くんはこのような誘いが来る可能性を潜在的には理解しているので、脳がストレスを感じず、誘いを断られる可能性は低くなります。

だから普段の会話の中で、

「猫カフェ好きなんだよね」

「あの焼肉屋行ってみたいんだよね〜」

といった〝フリ〟を多くしておくと良いです。なお、急に思いついた感を出すと脈絡なく言えるのでガンガン使ってみましょう。

「ごめん風呂入ってた。てかお湯浸かってたら急に温泉行きたくなってきた笑」
「仕事疲れすぎて猫カフェ行きたくなってきた笑」

これはＬＩＮＥやＤＭの会話にもしれっと差し込みやすいので、多く実行すればするほど、誘いたい時に誘いやすくなるうえ、誘いも通りやすくなります。

③断られにくい誘い方をする

実際に会う打診をする際も、相手の脳があなたと会うことを了承するような誘い方をすると断られる確率は下がります。

「おつかれ！　12日、空けておいて。渡すものあるし、一緒にカフェ行こうって誘うわ」

「ごめん、その日は友達と遊ぶ約束してる」

「いいねー！　俺も一緒に行くから3人で女子会しよ」

「やめて笑　14日か15日なら空いてるよ！」

「じゃあ15日にしよ！」

断られないためのコツは大まかに3つあります。

・会う日を1週間以内にして誘う（できれば2～3日以内）

会う日が先過ぎると予定や気分が変わる可能性があります。相手の脳に余計な思考が入らないうちに、取り付けた会う約束を実行してしまうのが良いので、近い日程＝1週間以内を指定するようにしましょう。

・ピンポイントの日程を提案する

ピンポイントの日程を提案するのは、相手の脳にストレスをかけないためです。

「10／4〜10のどれがいい？」

多くの人はこのように、選択肢を多く提示した方が、相手が応じてくれる可能性が高まると思っているかもしれませんが、多くの場合それは間違いです。

選択肢は多ければ多いほど、その選択肢のうちのどれにしようか潜在的に考える余地が生まれます。それゆえ、脳にストレスがかかり、相手は回答が面倒だと感じてしまいやすいです。従って、絶対に会うことが決まっている相手であれば（例えばビジネスの商談であれば）、複数日程を提示することは相手に対する良い配慮になりますが、相手が応じてくれるかわからない誘いほど、可能な限りピンポイントな日程を提示した方が、結果としてYESを勝ち取りやすいです。もし相手に「その日は無理なんだ」と言われたら、改めて別の日程を提示すれば良いだけです。

・相手が誘いに応じる言い訳を作る

最後に、最も重要なのが「相手が誘いに応じる言い訳を作る」ことです。これにより、相手の潜在意識が恋愛感情とは関係ないところであなたに会う理由を見つけられるので、断られる確率が大幅に下がります。

「明日原宿デート行こうよ」

と誘われた場合、相手が潜在意識下で無意識に行っている思考は、おそらく次のようになります。

（もしかして広明くんは私のこと好きなのかな？）

（広明くんが私のことを好きな場合、もしこの誘いに応じたら、私も広明くんのことを気になっていると認めたことになる）

（私は広明くんに現段階で告白されてもうんと言う決断はできないし、周りの人に私が広明くんが好きだと思われる可能性もある）

「ごめん、明日は用事あって…」

このように、誘いに応じる言い訳を作っておかないと、相手は多くの断る理由を考えついてしまいます。

一方で、

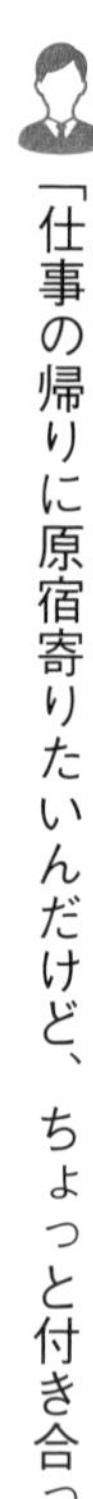
「仕事の帰りに原宿寄りたいんだけど、ちょっと付き合ってくれない？　妹への誕生日プレゼントを買いたくて。１時間くらいでいいから、女目線で見れる人いたら助かるんだけど」

（私は女目線が必要だから買い物に付き合ってあげるだけ）

（広明くんの妹のためだし）

（仕事帰りに寄るだけだし、１時間だけだし）

（周りに見られても、そう説明すればいいし）

といった思考が潜在的に起き、自分に対して周囲に対しても、誘いに応じる理由を見つけ出しやすくなるので、相手も気軽に応じてくれやすくなります。

会ってしまえば自分のことを好きにさせる行動で好意を帰属させるチャンスはいくらでもあるので、まずはこのように相手が会う理由を見つけ出しやすく、また会っている言い訳をしやすいような誘い方をしてみると良いです。

⑬ 相手の好きなことを実際にやる

「好きな人と会っている時にやるべきこと」の「❻ 相手に心からの関心を示す」（p150）でも紹介しましたが、「相手の好きなことを実際にやる」というのは、他人に好かれる上で一番の秘訣（ひけつ）です。相手は会った時にその話ができるだけでなく、自分の好きなことに真剣に興味を向けてくれるあなたに対して、「共通点がある人」と認識してくれるので、親近感や好意を抱いてもらいやすいです。

実際に実行に移さなくても、相手の興味関心に「好き」を向けてみることは可能です。本書でも相手に関するものに「好き」を向けようとお話ししてきました。

しかし、この「相手の好きなことを実際にやってみる」の効果は、その比ではありません。なぜなら、実際に行動に移す人はおそらく非常に少ないからです。

ほとんどの人は時間を割いてまで相手の趣味や興味を、実際に行動に移したりはしません。みんな自分の人生があり、自分がやりたいことがあり、自分の興味関心があるからです。従って、**あなたが相手の趣味を実際にやってみることで、あなたの存在が相手の中で非常に目立ち、強く印象に残ります。**

また、実際にやってみることで、その情景や感想をありありと描写できるというのも大きなメリットです。仮にあなたが本当に興味・関心を持っていない、それほど詳しくない、ことを口先だけで「好き」と言っていれば、会話の流れで、

（そこまで好きなわけではなさそうだな…）

（好きなのかもしれないけどライトな感じだな。気に入られようと話を合わせてるのかな）

のように顕在意識に認識され、相手の潜在意識に「共通点がある人」という認識が上手に作られずに終わります。しかし、実際に実行していれば具体的な描写ができるようになるので、顕在意識によるブロックが起こるリスクはほぼありません。

これを徹底している私の人たらしの友人は、仲良くなりたい相手の趣味や関心の中で、自分が本当に好きだったり、強い関心があるものがあれば常に、

「俺もそれ本当に好きだよ！」

と話を展開することで相手と共通点を作り出し、相手からの好感を獲得しています。

しかし、自身が中途半端にしか経験がなかったり、詳しくなかったりした場合は、

「好き」だという発言を控えるそうです。その代わり、次にその相手と会う時までに、相手の趣味や関心があるものに心からの興味を持って、徹底的に調べてみたり、実際に取り組んでみたりすることで、「本当に自分も相手も同じものが好き」という状況を作り出すようにしていると言います。

その結果、彼は恋人が途切れたことがないどころか、仕事先の商談相手から個人的な付き合いを希望され、個人的コネクションで仕事のオファーをもらったり、旅行に連れて行ってもらったり、さまざまな便宜をいつも図ってもらっています。

だから、あなたも本当に仲良くなりたい人がいるのなら、その人の興味・関心事に、心からの興味を向けてみましょう。相手に会っていない時間を活用して、相手の「好きなこと」を実践し、本当に好きになりましょう。実際に取り組んでいると、当然話も展開しやすくなりますし、やってみた感想などを話す過程の中で、「好き」というワードをあなたも自然に何度も使いやすくなります。

遠回りのようですが、結果、あなたは相手から特別な好意を向けてもらえる存在になるはずです。

おわりに

最後までお読みいただきありがとうございました。

本書では日常で簡単に使える「脳のバグらせ方」をお伝えしましたが、簡単に使えるものに絞ったのは、少しでも多くの方に実際に体験してもらいたいからです。ほとんどの方法は心理的な負担なく試せると思うので、ぜひ取り入れて効果を実感してほしいと思います。

「脳のバグらせ方」は、突き詰めると非常に強力な武器になります。例えば「たった一言」だけで、気になるあの人の頭の中をあなたでいっぱいにし、好きで好きで仕方なくさせ、デートに誘わせ、告白させ、何ならプロポーズまでさせる…という若干危険な洗脳じみたことだってできてしまいます。

ただし、このような「強力な方法」が世に出回ることはほとんどありません。それは、広まった時点で効果がなくなるからです。全米が泣いた感動の映画も、見るのが

10回目なら涙の一滴も出ないですよね。それと同じです。

また、そういった方法は往々にして過激で大胆です。だからこそ、想定できないあなたの言動が気になるあの人の潜在意識を大きく動かし、簡単に好きにさせることができるのですが、ほとんどの人は他人と違う行動をとる勇気がなく、知っていても実行しません。それゆえ本書ではこのような「普通でない方法論」は紹介していません。

なお、「購入された書籍全体の95%が読了されない」というデータもあるように、今このページを見ている時点で、あなたは「なりたい未来に対して努力ができる、ごく限られた特別な人」である可能性が高いです。私は、そんなあなたにはぜひ成功してほしい、一番好きな人と幸せになってもらいたいと本気で願っています。

そんな方のために、さらに強力な方法論を公開しています。例えば、無料で登録できる私のメールマガジンでは、危険だけど効果抜群な「脳ハックの真髄」も紹介しています。こちらは、興味がある人「のみ」手に取ってもらえれば嬉しいです。

serasatoshi.com

脳のバグらせ方　脳がわかれば恋は作れる

2021年４月28日　初版発行
2023年１月15日　11版発行

著者／世良 サトシ

発行者／山下 直久

発行／株式会社KADOKAWA
〒102-8177　東京都千代田区富士見2-13-3
電話　0570-002-301（ナビダイヤル）

印刷所／図書印刷株式会社

●お問い合わせ
https://www.kadokawa.co.jp/（「お問い合わせ」へお進みください）
※内容によっては、お答えできない場合があります。
※サポートは日本国内のみとさせていただきます。
※Japanese text only

定価はカバーに表示してあります。

ISBN 978-4-04-604868-4　C0011